REGULAÇÃO DO SANEAMENTO

CONTRACORRENTE

Anderson Medeiros Bonfim

REGULAÇÃO DO SANEAMENTO

SÃO PAULO
2022

CONTRACORRENTE

Alameda Itu, 852 | 1° andar |
CEP 01421 002
www.loja-editoracontracorrente.com.br
contato@editoracontracorrente.com.br

EDITORES
Camila Almeida Janela Valim
Gustavo Marinho de Carvalho
Rafael Valim
Walfrido Warde
Silvio Almeida

EQUIPE EDITORIAL
COORDENAÇÃO DE PROJETO: Juliana Daglio
REVISÃO: Graziela Reis
PREPARAÇÃO DE TEXTO: Amanda Dorth
REVISÃO TÉCNICA: Douglas Magalhães
DIAGRAMAÇÃO: Pablo Madeira
CAPA: Maikon Nery

EQUIPE DE APOIO
Fabiana Celli
Carla Vasconcellos
Fernando Pereira
Valéria Pucci
Regina Gomes
Nathalia Oliveira

Dados Internacionais de Catalogação na Publicação (CIP)
(Câmara Brasileira do Livro, SP, Brasil)

Bonfim, Anderson Medeiros
Regulação do saneamento / Anderson Medeiros Bonfim. -- São Paulo, SP : Editora Contracorrente, 2022.

Bibliografia.
ISBN 978-65-5396-033-6

1. Agências reguladoras - Leis e legislação 2. Concessões administrativas - Brasil 3. Saneamento básico 4. Saneamento - Legislação - Brasil 5. Serviços públicos - Leis e legislação I. Título.

22-115655 CDU-351.77(81)(094.98)

Índices para catálogo sistemático:
1. Brasil : Saneamento básico : Regulação : Direito administrativo 351.77(81) (094.98)
Eliete Marques da Silva - Bibliotecária - CRB-8/9380

@editoracontracorrente
Editora Contracorrente
@ContraEditora

À minha mãe, Maria do Carmo, com amor.

Ao meu professor, sócio e orientador, Pedro Serrano,
pela generosidade do aprendizado diário.

SUMÁRIO

PREFÁCIO

Regulação do saneamento, por meio do qual o autor obteve o título de Mestre pela Pontifícia Universidade Católica de São Paulo – PUC/SP, é uma obra que realiza, com rigor científico, uma incursão no regime constitucional do serviço público de saneamento, bem como nos seus mais relevantes aspectos regulatórios e concorrenciais. Partindo da premissa de que o serviço público de saneamento é, dentre aqueles passíveis de concomitante prestação pelo Estado e pela iniciativa privada, uma das mais estatizadas atividades econômicas brasileiras, são realizadas acuradas análises críticas da produção legislativa brasileira – em especial, do novo marco regulatório consubstanciado na Lei n. 14.026/2020 – para, reconhecidos seus flancos, estimular a formatação de modelagens contratuais para projetos público-privados e lançar perspectivas concorrências para o setor de saneamento.

No plano legislativo, a obra, de forma inovadora, demonstra ser preciso questionar o regime tradicional da prestação dos serviços públicos de saneamento por meio de um debate quanto à viabilidade jurídica de concorrência através, por exemplo, da desqualificação e desenquadramento de determinadas atividades da cadeia produtiva do saneamento do regime jurídico de serviço público, preservada, através da regulação, o interesse público que deve remanescer mesmo diante da exploração de atividades econômicas em ambiente de livre mercado.

Ainda no âmbito das críticas ao legislador e adentrando nas provocações ao regulador, é desenvolvida a ideia de que, além do elevado percentual de serviços prestados diretamente pelo Estado, mesmo quando objeto de concessões comuns de serviço público ou de parcerias público-privadas, as características da regulação e da relação contratual tendem, em algumas situações, a converter a iniciativa privada em mera executora de contratos que, em certa medida, assemelham-se aos demais modelos contratuais, inclusive aquele geral e corriqueiro de contratações do Estado consubstanciado na Lei n. 8.666/1993 e, mais recentemente, na Lei n. 14.133/2021.

Assim considerando, concluiu-se que a recente inovação legislativa, ao invés de estimular a participação da iniciativa privada em projetos públicos mediante modelagens regulatórias e contratuais que garantam, por um lado, universalização e, por outro, uma segura contraprestação pelos compromissos privados a serem assumidos, apenas ampliou as hipóteses de obediência à regra da licitação para contratos entabulados com entes estatais não integrantes da Administração do titular. Nesse cenário, o autor é enfático: é preciso desenvolver modelagens que, nos limites impostos pelo Direito positivo, estimulem a participação da iniciativa privada em projetos públicos de saneamento.

Consoante estudos e publicações que realizamos nos últimos anos, é de competência do Município, como ente federal, titularizar as atividades e serviços de caráter predominantemente local. A distribuição de água é serviço concebido para realizar-se no interior da circunscrição geográfica do Município, razão pela qual prescinde da participação de outros Municípios ou do Estado-membro para sua prestação. Sua realização ocorre tendo por base referências geográficas e populacionais locais.

Os serviços de saneamento não existem no âmbito jurídico como unidade. O regime jurídico do serviço de coleta de esgotos é distinto do tratamento e destinação final e da produção de água bruta ou tratada, por exemplo. Também no plano material o serviço de distribuição de água é prestado de forma local, muitas vezes sendo prestado por entidade local diferenciada da que produz a chamada água bruta. Não há, portanto, caráter material necessário de predominância regional na prestação dos serviços de distribuição de água em regiões conurbadas ou também em Municípios não adensados.

As naturezas jurídicas dos serviços de saneamento não são dadas por definições e conceitos técnicos, mas sim pelo conjunto sistêmico normativo que as estabelece e regula partindo-se da premissa constitucional de que cada um destes serviços será titularizado pelo ente federal declarado pela ordem jurídica como titularidade e competente para tanto.

O serviço de distribuição de água tratada realiza-se no interior das fronteiras municipais, só podendo ter sua qualidade e regularidade aferidas com eficiência pelo contato contínuo dos prestadores com a comunidade local. Como implica colocar à disposição da comunidade em geral utilidade passível de fruição singular, individual, pelo administrado, e sendo submetida a regime jurídico de Direito Público, a atividade de distribuição de água tratada conforma-se integralmente aos elementos caracterizadores do serviço público em sua acepção jurídica. Seu caráter predominantemente local evidencia-se pela supremacia do interesse local em sua regulação e gestão em relação aos interesses regionais e federais, sendo operado no interior da circunscrição geográfica do Município e buscando atender à população local através de parâmetros de medição eminentemente locais, não carecendo de qualquer participação estadual ou de outro Município como condição necessária de sua prestação.

O sistema constitucional de distribuição de competências federativas, por si só, já estabelece o dever de se diferenciar no plano jurídico as atividades de produção e de distribuição da água tratada sob o ponto de vista de sua titularidade. Isso porque estatui, de um lado, que serviços públicos de interesse predominantemente local são de competência municipal. Por outro lado, estabelece que os bens da União serão por ela geridos e explorados, o mesmo acontecendo em relação aos Estados face a seus bens públicos e aos Municípios face aos seus. Logo a titularidade para produção de água tratada, face ao caráter jurídico de exploração e uso de bem público que tem, será da entidade ao qual o recurso hídrico respectivo pertença.

Não haveria qualquer sentido jurídico ao dizer que a produção de água tratada em recurso hídrico estadual é acessória em relação à distribuição ou vice-versa, no sentido de dizer que o ente titular do principal titularizaria também o acessório, isso porque implicaria tratamento desigual entre entes federados, resultando em subtração da competência municipal pelos Estados, ou ao contrário, conforme o caso. Há uma ordem, um comando, decorrente do princípio federativo ao incidir sobre esta situação, determinando que produção e distribuição devem ser atividades distintas, pois atribuições de entes distintos e iguais entre si no plano federativo. Lei complementar ou ordinária federal, estadual ou municipal que não observe esta forma de distribuição de competências no tema deverá ser inquinada de inconstitucional.

Registre-se, por fim, que a conurbação como fato não possui o condão de carrear a alteração da competência referida. Nada há que impeça o Município integrante de área metropolitana de prestar e regulamentar por si o serviço de distribuição de água. Aliás, é de seu dever fazê-lo, desde que se conformando às diretrizes genéricas do planejamento regional. Se o serviço pode ser realizado sem a participação necessária de outros entes federativos a titularidade é do Município.

Assim é que a presente obra se coloca como relevante referência para a compreensão da regulação do saneamento nos moldes atualmente delineados pelo Direito positivo brasileiro, ao passo que se revela como percussora na compreensão, em perspectiva propositiva, da questão concorrencial no setor, matéria esta que vem sendo preterida pelos debates legislativos e regulatórios.

PEDRO ESTEVAM ALVES PINTO SERRANO

Professor de Direito Constitucional e de Teoria do Direito na Graduação, no Mestrado e no Doutorado da Faculdade de Direito da PUC/SP.

INTRODUÇÃO

O serviço público de saneamento é, dentre aqueles passíveis de concomitante prestação direta pelo Estado ou pela iniciativa privada, uma das atividades econômicas brasileiras mais estatizadas. Além do elevado percentual de serviços prestados diretamente pelo Estado, mesmo quando objeto de concessões comuns de serviço público ou de parcerias público-privadas, as características da regulação e da relação contratual convertem a iniciativa privada em mera executora de contratos que, em certa medida, assemelham-se aos demais modelos contratuais, inclusive aquele geral e corriqueiro de contratações do Estado consubstanciado na Lei n. 8.666/1993.

Com efeito, a concessão de serviços públicos é um instituto relativamente recente no Direito Administrativo brasileiro. A histórica prestação direta do Estado em praticamente todos os setores estratégicos da economia só sofreu retração com a redemocratização, momento a partir do qual passou a ser questionado o sistema das empresas públicas setoriais e os planos nacionais centralizados para a prestação de serviços públicos.

Apenas com a Constituição de 1988, a Lei n. 8.987/1995, a Lei n. 9.491/1997, que instituiu o Programa Nacional de Desestatização, e a Lei n. 11.079/2004, é que a relação jurídica entre o Estado e a iniciativa privada, ainda que a passos largos, vem se fortalecendo. Em linhas gerais, a Constituição, mesmo reservando ao Estado elevada parcela de atividades econômicas, ampliou a possibilidade de atuação da iniciativa privada, admitindo-se, em algumas hipóteses, a concomitância entre regimes público e privado. As demais espécies normativas, além de reordenar a posição do Estado na economia, regularam as condições em que as concessões de serviço público deveriam ocorrer. Concomitantemente, leis ordinárias setoriais trataram de regular atividades econômicas específicas, o que, com relação ao saneamento, só veio a ocorrer em 2007 com a Lei n. 11.445/2007.

A primeira questão que se coloca é que as modelagens regulatórias e contratuais das concessões brasileiras ainda sofrem forte influência da Lei n. 8.666/1993, regime geral de contratações que, mesmo de aplicação apenas subsidiária, influenciam-lhes sobremaneira. Nem mesmo os regimes setoriais foram capazes de demarcar, com precisão, os espaços público e privado e, ainda, formatar, à luz das demandas impostas pelos elevados investimentos necessários, a relação entre Poder Concedente e concessionária.

É preciso refutar a afirmação de que o Direito brasileiro instituiu diversas modalidades de contratações públicas, bem como de distintos regimes jurídicos informadores da relação contratual entre o Estado e os particulares. Do mesmo modo, as concessões de serviço público brasileiras são relativamente modestas, isso em decorrência, por um lado, do agigantamento estatal, cujos tentáculos avançam inclusive sobre as parcerias com a iniciativa privada e, por outro, de incapacidade na formatação de modelagens adequadas às contemporâneas exigências por segurança jurídica e contratual e, por outro, relativa flexibilidade em razão dos elevados prazos dos contratos, inovação tecnológica e natural readequação das estratégias em busca de universalização.

Especificamente com relação ao setor de saneamento, além das influências do regime geral de contratações públicas, trata-se daquela atividade econômica que, historicamente, mais foi objeto de estatização federalizada, nos termos especialmente formatados pelo Plano Nacional de Saneamento Básico – PLANASA, consoante, em especial, Decreto-Lei n. 949/1969, Lei n. 6.528/1978 e Decreto n. 82.587/1978.

Tais aspectos geram, atualmente, fortes entraves à concessão dos serviços públicos de saneamento, em prejuízo da sua universalização. A própria discussão legislativa vem se revelando anacrônica, ao passo que se poderia, por exemplo, discutir uma abertura, ainda que parcial, à exploração econômica, em regime de livre mercado, de determinadas atividades integrantes da cadeia econômica do saneamento. A regulação brasileira em matéria de saneamento dialoga mal com concentração de mercado, ao passo que a Lei n. 14.026/2020, mesmo promovendo uma série de alterações nas diversas leis que regulamentam o serviço público de saneamento, procurou preservar um modelo marcado por forte estatização federalizada.

A arcaica regulação do serviço público de saneamento no Brasil deve ser objeto de questionamento, isso com vistas a estimular a estruturação de modelagens de concessão que não se constituam em *sui generis* contrafações de prestação direta ou, quando muito, contratação de bens e serviços regidos pela Lei n. 8.666/1993. É preciso, portanto, que repensemos a clássica dogmática jurídica atrelada ao tema da regulação do saneamento, isso em razão de um pouco criativo modelo de parceria por concessão entre o Estado e a iniciativa privada.

Especificamente com relação ao setor de saneamento, a recente inovação legislativa, ao invés de estimular a participação da iniciativa privada em projetos públicos mediante modelagens regulatórias e contratuais que garantam, por um lado, universalização e, por outro, uma segura contraprestação pelos compromissos privados a serem assumidos, apenas ampliou as hipóteses de obediência à regra da licitação, inclusive por entes estatais não integrantes da Administração do titular.

Assim considerando, é preciso, dentre outras propostas a seguir apresentadas, questionar o regime tradicional da prestação dos serviços públicos de saneamento através de um debate quanto à viabilidade jurídica de concorrência através, por exemplo, da desqualificação, do regime jurídico de serviço público, de determinadas atividades da cadeia produtiva do saneamento, preservada, através da regulação, o interesse público que deve remanescer mesmo diante da exploração de atividades econômicas em ambiente de livre mercado.

CAPÍTULO I

ORDEM ECONÔMICA E REGULAÇÃO NA CONSTITUIÇÃO

1.1 Ordem econômica

A Constituição, no seu art. 170, previu que a nossa ordem econômica é, dentre outros, fundada na livre iniciativa, na propriedade privada e na livre concorrência, havendo, inclusive, previsão no sentido de ser assegurado a todos o livre exercício de qualquer atividade econômica, independentemente de autorização de órgãos públicos, salvo nos casos previstos em lei.

Aos referidos princípios se somam, dentre outros, a soberania nacional, a função social da propriedade, a defesa do consumidor, do meio ambiente e redução das desigualdades regionais e sociais, os quais decorrem, inclusive, dos fundamentos da nossa República relativos à soberania, dignidade e valores sociais do trabalho e livre iniciativa (art. 1°) e aos objetivos fundamentais republicanos referentes à, dentre outros, construção de uma sociedade livre, justa e solidária; desenvolvimento nacional; e, ainda, erradicação da pobreza, marginalização e redução das desigualdades sociais e regionais (art. 3°).

Sem que tenhamos pretensão em exaurir conceitualmente tais princípios, na expressão de Miguel Reale, a livre iniciativa vincula-se à

> projeção da liberdade individual no plano da produção, circulação e distribuição de riquezas, assegurando não apenas a livre escolha (...) das atividades econômicas, mas também autônoma eleição dos processos ou meios julgados mais adequados à consecução dos fins visados.[1]

Quanto ao princípio da livre concorrência, lapidares são as lições de Tércio Sampaio, segundo as quais ela relaciona-se a "um processo comportamental competitivo que admite gradações tanto de pluralidade quanto de fluidez" e "supõe livre iniciativa e apropriação privada dos bens de produção".[2]

A relação entre tais princípios, bem como a prevalência de alguns deles em detrimento de outros, traduz-se, historicamente, em determinado modelo de ordem econômica, bem como de intervenção do Estado e de exploração, de atividades econômicas, pela iniciativa privada. Em outras palavras, as atividades atribuídas aos particulares e ao Estado, de forma exclusiva ou não, excepcional ou não, além da maior ou menor intervenção estatal pela regulação, é uma questão que se coloca historicamente.

As atividades atribuídas aos particulares só podem ser desempenhadas pelo Estado excecionalmente, uma vez que, nos termos do art. 173, *caput*, da Constituição, ressalvadas as hipóteses previstas nela previstos, a exploração direta de atividade econômica pelo Estado só será permitida quando necessária aos imperativos

---

1 REALE, Miguel. "Inconstitucionalidade de congelamentos". *Folha de São Paulo*, caderno A-3, São Paulo, 19 set. 1988.

2 FERRAZ JÚNIOR, Tércio Sampaio. "A economia e o controle do Estado". *O Estado de São Paulo*, São Paulo, 1989, p. 50.

da segurança nacional ou a relevante interesse coletivo, conforme definidos em lei.

Por outro lado, as atividades atribuídas ao Estado só podem ser executadas pelos particulares em regime de concessão de serviço público, ressalvados, por exemplo, os serviços sociais, que a prescindem. De acordo com o art. 175, *caput*, da Constituição, incumbe ao Poder Público, diretamente ou sob regime de concessão ou permissão, sempre através de licitação, a prestação de serviços públicos. Do mesmo modo, o art. 21, inciso XII, da Constituição elenca as atividades que podem ser exploradas diretamente ou mediante autorização, concessão ou permissão. Por fim, destaque-se a existência de atividades que, ainda que de prestação obrigatória pelo Estado, não lhe são exclusivos, tais como educação, saúde, previdência e assistência sociais.

Com relação às atividades atribuídas ao Estado exclusivamente, destaque-se que constituem monopólios da União, nos termos do art. 177 da Constituição, a pesquisa e a lavra das jazidas de petróleo e gás natural e outros hidrocarbonetos fluidos; a refinação do petróleo nacional ou estrangeiro; a importação e exportação dos produtos e derivados básicos resultantes das atividades previstas nos incisos anteriores; o transporte marítimo do petróleo bruto de origem nacional ou de derivados básicos de petróleo produzidos no país, bem assim o transporte, por meio de conduto, de petróleo bruto, seus derivados e gás natural de qualquer origem; e, ainda, a pesquisa, a lavra, o enriquecimento, o reprocessamento, a industrialização e o comércio de minérios e minerais nucleares e seus derivados, com exceção dos radioisótopos cuja produção, comercialização e utilização poderão ser autorizadas sob regime de permissão.

Nesses quadrantes é que, consoante lições de Celso Antônio Bandeira de Mello, a interferência do Estado na ordem econômica pode ocorrer através do seu "poder de polícia" na condição de "agente normativo e regulador da atividade econômica", mediante o desempenho de atividades econômicas de alçada dos particulares, mas desempenháveis pelo Estado em situações excepcionais, e, por fim, por meio de incentivos à iniciativa privada.[3]

Na primeira hipótese, o Estado, mediante leis e atos administrativos, atua como agente normativo e regulador da atividade econômica. No segundo caso, o Estado desempenha atividades econômicas que estão compreendidas no âmbito de exercício da liberdade de iniciativa pelos particulares, mas cuja excepcionalidade autoriza a intervenção do Estado haja vista imperativos de segurança nacional e relevante interesse coletivo, conforme art. 173 da Constituição. Por último, o Estado intervirá na ordem econômica por meio de estímulos fiscais e financiamentos.

Uma outra classificação relativa à atuação do Estado na ordem econômica, capitaneada por José dos Santos Carvalho Filho, baseia-se nas ideias de "Estado executor", por meio da qual este, em caráter especial, desempenha atividades econômicas em princípio destinadas à iniciativa privada, ao passo que o a noção de "Estado regulador" é relativa à noção de "agente regulador do sistema econômico", "fiscal da ordem econômica organizada pelos particulares", o que pode ocorrer, na visão do autor, por meio da fiscalização, do incentivo e do planejamento, bem como através do controle de preços e do abastecimento e, ainda, da repressão ao abuso do poder econômico.[4]

Já Eros Roberto Grau atribui à intervenção o conceito a atuação estatal em área de titularidade do setor privado, intituladas pelo autor como atividades econômicas *stricto sensu*.[5] Assim,

---

3 BANDEIRA DE MELLO, Celso Antônio. *Curso de direito administrativo*. São Paulo: Malheiros, 2009, p. 789.

4 CARVALHO FILHO, José dos Santos. *Manual de direito administrativo*. Rio de Janeiro: Atlas, 2019.

5 GRAU, Eros Roberto. *A ordem econômica na Constituição de 1988*. São Paulo: Malheiros, 2010, pp. 146/147.

o autor refere-se a três modalidades de intervenção: a intervenção por absorção, participação, direção e por indução.[6]

Na intervenção por absorção, "o Estado assume integralmente o controle dos meios de produção e/ou troca em determinado setor da atividade econômica em sentido estrito; atua em regime de monopólio".[7] Na intervenção por participação,

> o Estado assume o controle de parcela dos meios de produção e/ou troca em determinado setor da atividade econômica em sentido estrio; atua em regime de competição com empresas privadas que permanecem a exercitar suas atividades nesse mesmo setor.[8]

Na intervenção por direção e por indução, "o Estado intervirá sobre o domínio econômico, isto, sobre o campo da atividade econômica em sentido estrito. Desenvolve ação, então, como regulador dessa atividade".[9] Na intervenção por direção, "o Estado exerce pressão sobre a economia, estabelecendo mecanismos e normas de comportamento compulsório para os sujeitos da atividade econômica em sentido estrito",[10] sejam eles do setor privado, sejam empresas estatais. São comandos imperativos, cogentes. Na intervenção por indução, "o Estado manipula os instrumentos de intervenção em consonância e na conformidade das leis que regem o funcionamento

---

6 GRAU, Eros Roberto. *A ordem econômica na Constituição de 1988*. São Paulo: Malheiros, 2010, pp. 91 e 147.

7 GRAU, Eros Roberto. *A ordem econômica na Constituição de 1988*. São Paulo: Malheiros, 2010, p. 147.

8 GRAU, Eros Roberto. *A ordem econômica na Constituição de 1988*. São Paulo: Malheiros, 2010, p. 147.

9 GRAU, Eros Roberto. *A ordem econômica na Constituição de 1988*. São Paulo: Malheiros, 2010, p. 147.

10 GRAU, Eros Roberto. *A ordem econômica na Constituição de 1988*. São Paulo: Malheiros, 2010, p. 149.

dos mercados".[11] São comandos dispositivos, sujeitos à adesão dos destinatários, os quais são estimulados, incitados, a vincularem-se.

1.2 A sociedade, o Estado e o Direito na pós-modernidade

A especificidade e a complexidade das condições econômicas, sociais, políticas e culturais do Brasil desafiam o projeto sociocultural da pós-modernidade. Conforme Boaventura de Sousa Santos, a questão primeira que se põe é se podemos pensar a pós-modernidade numa sociedade periférica. Mais que isto, o desafio que se impõe é se podemos não só pensar, mas também agir pós-modernamente.[12]

Assim, e na expressão do mesmo autor, não estará o Brasil condenado a imitar, sem autenticidade, as discussões que surgem em um contexto distinto? Ou, pelo contrário, poderemos não só imitar ou importar com autenticidade, mas até a contribuir com algo de novo para a discussão e extrair dela produtos materiais e simbólicos também originais? Tentaremos mostrar que é possível uma resposta positiva a esta última pergunta.[13]

Neste diapasão, a recontextualização das identidades exige que o esforço analítico e teórico se concentre na dilucidação das especificidades dos campos de confrontação em que as identidades se formam e se dissolvem, além da localização destas especificidades nos movimentos de globalização do capital.[14]

---

11 GRAU, Eros Roberto. *A ordem econômica na Constituição de 1988*. São Paulo: Malheiros, 2010, p. 151.

12 SANTOS, Boaventura de Sousa. *Pela mão de Alice*: o social e o político na pós-modernidade. Porto: Afrontamento, 1994, pp. 84/85.

13 SANTOS, Boaventura de Sousa. *Pela mão de Alice:* o social e o político na pós-modernidade. Porto: Afrontamento, 1994, pp. 84/85.

14 SANTOS, Boaventura de Sousa. *Pela mão de Alice*: o social e o político na pós-modernidade. Porto: Afrontamento, 1994, p. 130.

O rompimento da perspectiva da homogeneidade social é fruto do processo de complexidade e de fragmentação sociais. Este processo de clivagem social e fim da sociedade monolítica, conforme Celso Fernandes Campilongo, demanda que repensemos a clássica dogmática jurídica:

> Nas sociedades complexas de modo geral, mas no Brasil de forma particularmente acentuada, a fragmentação de interesses, a estratificação social, a diferenciação cultural, regional e ideológica, provocam uma verdadeira "crise de racionalidade" do modelo jurídico calcado na soberania da maioria.[15]

Além das modificações operadas no âmbito estritamente social, há uma mudança brusca na noção de Estado enquanto núcleo que reúne a capacidade concentrada de deliberar eficazmente. A unidade decisória do Estado face ao fracionamento e questionamento do seu poder, especialmente em sua manifestação normativa, é abalada pelo processo de internacionalização, o nos permite falar em algum solapamento da capacidade decisória do Estado.

A transnacionalização dos processos decisórios e o simultâneo questionamento do papel central e, em certa medida, uno do Estado no processo de decisão política por agrupamentos sociais e econômicos ávidos a relativizar o seu poder implicam na crise da noção de soberania na pós-modernidade política. Nesses termos, Jacques Chevallier destaca que um novo modelo de Estado se impõe:

> (...) Se o Estado dispõe de margens de manobras e de recursos que lhe permitem agir sobre o seu ambiente, ele não mais dispõe da faculdade de modelá-lo a seu bel-prazer; pela construção de uma "estratégia", ele procurará obter os melhores

---

15 CAMPILONGO, Celso Fernandes. *Direito e democracia*. São Paulo: Max Limonad, 1997, p. 53.

> resultados possíveis, tomando em conta influências externas. A figura do Estado estrategista postula, assim, uma relação de interdependência entre o Estado e seu ambiente: ela supõe a existência de um universo competitivo em que interagem uma série de atores, dotados de recursos desiguais.[16]

A emergência de um Estado pós-moderno demanda, inevitavelmente, o surgimento de um Direito pós-moderno.[17] No Direito moderno, solidariamente conjugado ao Estado, do qual ele exprimia a majestade e poderio, ele se apresentava como representação da razão.[18]

Entretanto, dentro do fenômeno de crise da racionalidade jurídica, o Direito não aparece mais como reflexo invariável da razão. A perda deste qualificativo que o acompanhava, legitimando-o, implicou na sua submissão ao julgamento crítico, ao permanente questionamento. O exaurimento da mitificação do Direito abre, assim, novos caminhos.[19] Não bastam a unção do Estado e a sacralidade democrática para comprovar a conformidade do Direito às exigências da razão, legitimando-o.

O Estado e o Direito perderam o privilégio da transcendência. A legitimidade não é mais adquirida de pleno direito, mas depende de alguma pertinência com o âmbito da razão. A racionalidade do Direito não é mais presumida e, nesses termos, passa, constantemente, pelo crivo da eficiência, garantia de sua legitimidade.[20]

---

16 CHEVALLIER, Jacques. *O Estado pós-moderno*. Belo Horizonte: Fórum, 2009, pp. 75/76.

17 CHEVALLIER, Jacques. *O Estado pós-moderno*. Belo Horizonte: Fórum, 2009, p. 115.

18 CHEVALLIER, Jacques. *O Estado pós-moderno*. Belo Horizonte: Fórum, 2009, p. 116.

19 CHEVALLIER, Jacques. *O Estado pós-moderno*. Belo Horizonte: Fórum, 2009, p. 121.

20 CHEVALLIER, Jacques. *O Estado pós-moderno*. Belo Horizonte: Fórum, 2009, p. 122.

Portanto, a crise da modernidade jurídica não implica sucumbência do Direito. Trata-se de um anúncio de uma nova concepção, pós-moderna, de dogmática jurídica, que, sem romper radicalmente com a concepção precedente, informa-se em uma lógica distinta, mais racional, e menos sacralizada. A regulação na pós-modernidade não é, senão, reflexo desta nova percepção.

1.3 Regulação

A discussão científica da regulação deve ocorrer pelo afastamento de produtos discursivos e instrumentais jurídicos alienígenas e concomitante esforço analítico e teórico que se concentre na dilucidação das especificidades do nosso Direito. Além do mais, a compreensão da atividade estatal de regulação exclusivamente através da mera verificação da parametricidade formal – competência e procedimento – dos seus produtos é incompatível com as contemporâneas exigências decorrentes do modelo de ordem econômica consubstanciado na nossa Constituição, bem como dos seus princípios informadores.

É preciso que repensemos a clássica dogmática jurídica atrelada ao tema da regulação, isso em razão, em especial, da fragmentação de interesses, a estratificação social, da diferenciação social, captura regulatória e, por fim, do desenvolvimento incompleto do nosso Estado de Direito.

Para Celso Fernandes Campilongo, além das modificações operadas no âmbito estritamente social, relacionadas ao rompimento da perspectiva da homogeneidade social, há uma mudança brusca na noção de Estado enquanto núcleo que reúne a capacidade concentrada de deliberar eficazmente. Deparamo-nos com o questionamento da unidade decisória do Estado, especialmente em sua manifestação discursivo-normativa.[21]

---

21 CAMPILONGO, Celso Fernandes. *Direito e democracia*. São Paulo: Max Limonad, 1997, p. 53.

A transnacionalização dos processos decisórios e o simultâneo questionamento do papel central e, em certa medida, uno do Estado no processo de decisão política por agrupamentos econômicos ávidos a relativizar o seu poder implicam na crise da noção de soberania na pós-modernidade política, o que levou Jacques Chevallier a destacar que um novo modelo de Estado estrategista impõe-se.[22]

Quando falamos em pós-modernidade, bem como Direito e Estado com tais atributos, estamos nos referindo, na linha proposta por Eduardo C. B. Bittar, a um certo momento histórico que se processa "após a modernidade".[23] Não se trata, portanto, de um conceito jurídico, mas de uma expressão designativa dos desafios impostos pela contemporaneidade, os quais impõem rompimento ou rediscussão de ideários qualificados como clássicos.

Dentro do modelo clássico de regulação, foram construídas determinadas escolas. Dentre elas, podemos apontar a "escola do interesse público" e a "escola econômica da regulação", consoante classificação proposta por Calixto Salomão Filho. A primeira, em apressada síntese, funda-se na percepção segundo a qual a regulação não se relaciona à preservação do mercado, mas com a busca do interesse público. Para o mesmo autor, referido modelo teria fracassado por basear-se na crença de que sempre é possível converter a iniciativa privada em alcançadora do interesse público através dos controles inerentes ao regime de Direito público.[24]

A autointitulada "escola econômica da regulação" construiu-se na premissa segundo a qual é possível a indicação dos fins, bem como a previsão dos resultados da atividade econômica, isso

---

22 CHEVALLIER, Jacques. *O Estado pós-moderno*. Belo Horizonte: Fórum, 2009, pp. 75/76.

23 BITTAR, Eduardo C. B. *O direito na pós-modernidade*. São Paulo: Atlas, 2014, p. 20.

24 SALOMÃO FILHO, Calixto. *Regulação da atividade econômica*: princípios e fundamentos jurídicos. São Paulo: Malheiros, 2008, p. 26.

tendo em vista ser a regulação um "substituto do mercado", consoante expressão do mesmo autor, o qual constatou que a escola fracassou ao não conseguir reproduzir as condições de mercado através da regulação.[25]

Atento à referida problemática, o citado autor propõe, assim como os demais autores já citados, a adoção de uma acepção ampla para o termo "regulação" que englobe "toda forma de organização da atividade econômica através do Estado, seja a intervenção através da concessão de serviço público ou o exercício de poder de polícia" já que, em todos os casos, "o Estado está ordenando ou regulando a atividade econômica".[26]

Referidas discussões relativas ao conceito de regulação foram entabuladas no que podemos chamar de Direito moderno, no qual a regulação estava solidariamente conjugada ao Estado, do qual ela exprimia a majestade, poderio e simbólica representação da razão.[27] De todo modo, é inegável que o conceito de regulação deve englobar toda e qualquer supervisão da ordem econômica. O equilíbrio e harmonização da globalidade do processo econômico, assim, pressupõe uma acepção ampla de regulação.[28]

Dentro do fenômeno de crise da racionalidade jurídica, o Direito e, em especial, a regulação, não mais surge como reflexo invariável da razão. A perda do qualificativo que o acompanhava e o legitimava implicou na sua submissão ao julgamento crítico e ao permanente questionamento.

---

25 SALOMÃO FILHO, Calixto. *Regulação da atividade econômica*: princípios e fundamentos jurídicos. São Paulo: Malheiros, 2008, pp. 27-29.

26 SALOMÃO FILHO, Calixto. *Regulação da atividade econômica*: princípios e fundamentos jurídicos. São Paulo: Malheiros, 2008, p. 21.

27 CHEVALLIER, Jacques. *O Estado pós-moderno*. Belo Horizonte: Fórum, 2009, p. 116.

28 SALOMÃO FILHO, Calixto. *Regulação da atividade econômica*: princípios e fundamentos jurídicos. São Paulo: Malheiros, 2008, p. 21.

Não se propõe, à luz da crise da modernidade jurídica, a sucumbência do Direito e valorização da desregulação. Ao contrário. Trata-se de anunciar uma nova concepção de regulação que, sem romper radicalmente com aquela que lhe é precedente, apoia-se em uma lógica mais racional e menos sacralizada. A regulação na pós-modernidade não é, senão, reflexo da percepção que se apresenta. Portanto, as provocações que se levantam em torno da regulação não se destinam ao esfacelamento da regulação no modelo clássico em que se calcou a nossa doutrina.

Preceitua-nos teorias clássicas que a Constituição é, invariavelmente, um conjunto de normas integradas em relação de unidade, coerência e completude, sendo que o princípio da unidade da Constituição seria capaz de enxergá-la, invariavelmente, como um todo indivisível, ao passo que o método sistemático seria capaz de solucionar as tensões que se estabelecem dentro da própria Constituição.

À luz das referidas premissas, é importante rememorarmos Norberto Bobbio,[29] isso para fins de ilustrar, à luz dos desafios impostos pela questão ora em exame, a insuficiência das teorias clássicas fundadas na unidade de um chamado ordenamento jurídico, bem como de uma estrutura escalonada de normas em relação de hierarquia, ao passo que a questão ora em exame decorre de perturbações decorrentes da relação entre normas constitucionais, desafiando a tentativa de busca de unidade e coerência.

Sob outra perspectiva, para além da visão normativista do constitucionalismo, e em busca de uma chamada sociologia da Constituição, Gunther Teubner[30] vale-se da expressão *fragmentos constitucionais* para destacar o seu solapamento, tendo em vista, inclusive, determinadas premissas da teoria dos sistemas sociais,

---

29 BOBBIO, Norberto. *Teoria do ordenamento jurídico*. São Paulo: Edipro, 2019, pp. 51-78.

30 TEUBNER, Teubner. *Fragmentos constitucionais*. São Paulo: Saraiva, 2016.

bem como da influência sistêmica luhmanniana. Ainda que o cerne do dualismo por ele chamada de Constituição do Estado Nacional com as constituições dos regimes funcionais seja no plano transnacional, há que se destacar a diferenciação funcional dos diversos sistemas, bem como dos conflitos de racionalidades dela decorrentes, como relevante aspecto para os desafios impostos à regulação na contemporaneidade.

Em outras palavras, a ideia de superior e inferior, outrora tida como infalível, é escamoteada, o que nos leva a repensar os velhos instrumentos à disposição do intérprete. A reducionista compressão do conjunto de normas a que se refere o ordenamento deve dar lugar para discussões jurídicas de condições em que, reconhecendo a complexidade, é possível pensar dinamicamente.

O enfraquecimento da noção de Estado, incluindo das suas instâncias jurisdicionais, por outros sistemas não estatais organizados, coloca em xeque o estudo e compreensão, por exemplo, dos conceitos de unidade, completude e congruência. A falência da noção do Direito como todo harmônico nos leva a consoante lições de Tércio Sampaio Ferraz Junior,[31] a enfrentar a interpretação jurídica como jogo de todos contra todos que coloca em evidência o esgotamento da capacidade de gerar integração cognitiva.

De acordo com o mesmo autor, o aprendizado surge na medida em que monitoramos padrões de funcionamento, ao passo que os clássicos parâmetros de eficácia e de legitimidade sempre se basearam na falácia de que o sistema é consistente e não possui incongruências. Entretanto, a percepção do conjunto não é linear. O ora examinado conflito entre poderes do Estado requer, consequentemente, regras de calibração em substituição aos mitos da estabilidade e da infalibilidade do Direito. São esses os desafios da regulação na contemporaneidade.

---

31 FERRAZ JUNIOR, Tércio Sampaio. *Introdução ao Estudo do Direito*: técnica, decisão, dominação. São Paulo: Atlas, 2019.

Ainda nessa seara, ao contrário de simplesmente identificarmos, exemplificativamente, problemáticas decorrentes de antinomias normativas, não deveríamos, à luz da teoria de Giorgio Agamben,[32] analisar ilegítimas circunstâncias excepcionais de suspensão do Direito, bem como a posição paradoxal ocupada pelo soberano regulador em relação ao Direito? De um lado está dentro e, de outro, está fora? Está excluído do Direito, pois só é soberano por poder suspender a validade e a eficácia do Direito e está nele inserido porque é esse mesmo Direito que reconhece o poder de estabelecer a exceção e de suspender sua própria validade. Para o teórico, a relação da exceção com a regra é de uma exclusão inclusiva, pois o que é excluído do Direito não deixa de se conectar com o mesmo, pois o suspende. Nessa situação, a regra aplica-se justamente pela sua desaplicação.

É nesse contexto que, inclusive, o autor formulou sua peculiar concepção de soberania, pela qual se distancia tanto de Carl Schmitt quanto de Hans Kelsen: a estrutura originária na qual o Direito se refere à vida e a inclui em si através da própria suspensão. A soberania se situa numa zona complexa e indeterminada, já que, estando ao mesmo tempo dentro e fora do Direito, não pode ser nominada simplesmente jurídica ou não jurídica. Trata-se de uma zona de ausência de norma, num território no qual referidas distinções fazem pouco sentido. Desse modo, a exceção, em sua visão, não pode ser considerada mera situação de fato ou de Direito, pois se encontra na fronteira entre ambos os fenômenos.

Nesses termos, a regulação não é uma mera decorrência de intelecção de disposições constitucionais e infraconstitucionais em estrutura piramidal. A noção de ordenamento enquanto integração de normas em conjunto permite, quando muito, identificar aquelas que são válidas e que não são. A percepção dogmática fica evidenciada na teoria kelseniana, para a qual as normas estão em concatenação hierárquica.

32 AGAMBEN, Giorgio. *Estado de exceção*. São Paulo: Boitempo, 2004.

Entretanto, é preciso conceber a regulação à luz da dinâmica exigida pela contemporaneidade, tendo em vista a necessidade de regras de regulagem ou ajustamento do sistema, bem como eventuais mudanças e padrão sem que haja sua desintegração. O sistema, à luz da estabilidade dinâmica, é autopoiético. Em face de perturbações, deve o sistema reagir através de um câmbio momentâneo de padrão de funcionamento em troca de sua manutenção, consoante pontua Tércio Sampaio Ferraz Junior.[33]

1.4 O trilema regulatório de Gunther Teubner

A regulação pós-moderna, por incidir em uma pluralidade de atores sociais e econômicos, demanda, especialmente, o reconhecimento de um direito plural, negociado e reflexivo. A situação de trilema regulatório, construída por Gunther Teubner,[34] emergente de uma análise sociológica funcional do Direito na sociedade, leva-nos à busca de um conceito de regulação mais adequado ao Direito pós-moderno.

Sem que o objetivo precípuo do presente estudo seja realizar qualquer análise que não seja dogmática da regulação, o trilema regulatório do autor é caracterizado pela incapacidade da atividade regulatória de efetivar um adequado acoplamento (*structural coupling*) entre o Direito, a política e a sociedade, ensejando uma falha regulatória.

O trilema é caracterizado pela hiperjuridicização da sociedade (*over-legalization of society*) ou colonização da sociedade pelo Direito, representada pela excessiva legalização das atividades sociais, que restam descaracterizadas enquanto tais; pela

---

33 FERRAZ JUNIOR, Tércio Sampaio. *Introdução ao Estudo do Direito*: técnica, decisão, dominação. São Paulo: Atlas, 2019.

34 TEUBNER, Gunther. "After legal instrumentalism? Strategic models of post-regulatory law". *In*: ______. *Dilemmas of Law in the Welfare State*. Nova York: Walter de Grutyer, 1986, p. 67.

hipersocialização ou politização do direito (*over-socialization of Law*), isto é, desintegração da sociedade pelo Direito, representada pela alta especialização e consequente interferência excessiva no sistema jurídico, levando à desintegração dos elementos normativos próprios ao sistema jurídico; e, por fim, pela crescente incongruência, ou indiferença, entre Direito, sociedade e política, o que levou a um crescente distanciamento entre o Direito e a realidade social (*incongruence of Law, politics and society*).[35]

Questiona Norbert Reich o que estaria escondido atrás do reconhecimento da situação de trilema regulatório de Gunther Teubner: seria "(...) uma defesa normativamente planejada contra intervenções alegadamente externas em áreas socialmente autônomas?"[36] Quer no parecer que o trilema regulatório não possui referido propósito. A crítica da juridificação assinalada não implica no abandono da dogmática jurídica, mas pleiteia um papel transmudado do Direito na regulação das relações sociais e econômicas capaz de ensejar um acoplamento estrutural entre suas prescrições e os referidos sistemas.

Especificamente com relação à atividade regulatória do Estado, é fundamental que sejam extraídas, à luz dos princípios que condicionam nosso modelo de ordem econômica, regras informadoras da atividade estatal de regulação. Os impactos da pós-modernidade na teoria da regulação são sensíveis. Impactam-na a emergência de fontes supranacionais de conflito, além do colapso da noção singular e monolítica de interesse público.[37] Dentro deste contexto,

---

35 TEUBNER, Gunther. "After legal instrumentalism? Strategic models of post-regulatory law". *In*: ______. *Dilemmas of Law in the Welfare State*. Nova York: Walter de Grutyer, 1986, pp. 316-321.

36 REICH, Norbert. "Intervenção do Estado na economia (reflexões sobre a pós-modernidade na teoria jurídica)". *Revista de Direito Público*, São Paulo, nº 94, abril/junho, 1990, p. 267.

37 MARQUES NETO, Floriano Peixoto de Azevedo. *Regulação estatal e interesses públicos*. São Paulo: Malheiros, 2002.

exsurge o dever do Estado de repensar o seu papel e seus objetivos em relação à sociedade e de justificar, constantemente, sua presença e sua ação por meio de soluções dialógicas, interlocução com os atores sociais, transparência e permeabilidade.

Por essa razão, pontua Jacques Chevallier que a regulação deve atrelar-se à supervisão da ordem econômica, instrumentalizando-a e estabelecendo determinadas regras, amortecendo tensões, compondo e harmonizando conflitos, o que demanda, ainda conforme o autor, posição de exterioridade relativamente ao jogo econômico, capacidade arbitral e contínua capacidade de proceder aos ajustes necessários.[38] Importa-nos destacar, exemplificativamente, que a regulação estatal deve informar-se por um direito negociado, reflexivo e baseado em legítimas expectativas, o que pode ocorrer, exemplificativamente, pela adoção de análises de impacto regulatório e ao estabelecimento de relações de confiança nas relações jurídico-administrativas.

1.5 Análise de impacto regulatório

O desconforto com parcerias entre o Poder Público e a iniciativa privada surge, especialmente, em razão de modelagens regulatórias e contratuais construídas sem maior participação da iniciativa privada e carecedoras de estudos técnicos robustos quanto a sua viabilidade e atratividade. Além do mais, apenas com o estabelecimento de um ambiente legal seguro é que será adequadamente estimulada a alocação de recursos privados em projetos de interesse público.

Assim considerando, a atividade regulatória do Estado deve ser fruto da ponderação entre os valores econômicos e sociais que sofrerão a sua incidência. É preciso considerar, ainda, que a

38 CHEVALLIER, Jacques. *O Estado pós-moderno*. Belo Horizonte: Fórum, 2009, p. 73.

regulação busca, essencialmente, a promoção de valores essenciais, tais como desenvolvimento social e econômico. Entretanto, a realização de referidos fins depende, dentre outras medidas, da avaliação da necessidade e eficácia dos instrumentos regulatórios, dos seus custos e efeitos.

Em outras palavras, a ação estatal deve ser adequadamente justificada, isso tendo em vista seus possíveis custos, benefícios e alternativas. É preciso, em especial, realizar uma adequada análise dos impactos para os grupos socialmente vulneráveis e excluídos, meio ambiente e agentes econômicos. Isto é, é fundamental que seja ampliado o debate público e que seja oferecida maior tecnicidade na análise e condução de questões contratuais e regulatórias.

Nesse cenário, a análise de impacto regulatório impõe uma precisa fundamentação da resposta estatal à problemática que se apresenta, no âmbito da qual deve haver o cotejamento de custos, benefícios e as alternativas possíveis.[39] Do mesmo modo, é fundamental avaliar, de forma transparente, a distribuição dos efeitos positivos e negativos da medida na sociedade em geral e, em especial, para os grupos socialmente vulneráveis ou excluídos, bem como se a providência é a eles clara, consistente, compreensível e acessível.[40]

1.6 Confiança, expectativa legítima e boa-fé nas relações jurídico-administrativas

Como mecanismo que define os limites e as interações na sociedade, o Direito é indispensável à estabilização de expectativas que se criam legitimamente. O Direito, conforme Niklas Luhmann, neutraliza a contingência das ações individuais, permitindo que

---

39 ORGANISATION FOR ECONOMIC COOPERATION AND DEVELOPMENT. *Regulatory Impact Assessment*, 2020.

40 ORGANISATION FOR ECONOMIC COOPERATION AND DEVELOPMENT. *Regulatory Impact Assessment*, 2020.

cada ser humano possa esperar, com um mínimo de garantia, o comportamento do outro.[41]

Tércio Sampaio Ferraz Junior, na apresentação da obra *Legitimação pelo Procedimento* do referido autor, apresenta sua análise sobre a produção lumaniana, bem como sobre o papel do Direito como estrutura indispensável à estabilização de expectativas. Assim é que, resume o autor,

> contra esta contingência temporal que afeta as expectativas recíprocas, é o estabelecimento de normas que irá dar a elas a garantia requerida. Normas, segundo Luhmann, garantem as expectativas (mas não o comportamento correspondente) contra desilusões.[42]

Com efeito, na relação entre particulares e a Administração Pública a confiança, a expectativa legítima e a boa-fé assumem elevado grau das prerrogativas da Administração Pública e dos atributos dos atos administrativos, dentre os quais se incluem, em especial, a sua presunção de legitimidade e de legalidade.

A confiança é considerada por Gerson Luiz Carlos Branco como valor e como pilar o próprio direito.[43] Judith Martins-Costa, por sua vez, assevera, ao tratar da confiança legítima como princípio, assinala que ele

> (...) indica o limite ao exercício de direitos e poderes formativos (dimensão negativa) quando violadores de uma

41 LUHMANN, Niklas. *La differenziazione del diritto*. Bologna: Il mulino, [s.d.], p. 81.

42 FERRAZ JUNIOR, Tércio Sampaio. "Apresentação". *In*: LUHMANN, Niklas. *Legitimação pelo procedimento*. Brasília: UNB, 1980, pp. 1-5.

43 BRANCO, Gerson Luiz Carlos. "A proteção das expectativas legítimas derivadas das situações de confiança: elementos formadores do princípio da confiança e seus efeitos". *Revista de Direito Privado*, nº 12/169, 2002.

> confiança legitimamente suscitada e/ou a fonte produtora de deveres jurídicos (dimensão positiva), tendo em vista a satisfação das legítimas expectativas criadas no *alter* pela própria conduta.[44]

A boa-fé, na sua feição objetiva, por sua vez, relaciona-se, de acordo com Gerson Luiz Carlos Branco, a um modelo de conduta compatível com aquela adotada por um *homem reto*, com honestidade, lealdade e probidade.[45] Em sentido similar, Judith Martins-Costa destaca que a boa-fé objetiva deve pautar as relações intersubjetivas regradas pelo Direito enquanto *standard* de lisura, correção, probidade, lealdade e honestidade, constituindo-se em "fonte de deveres de conduta", "baliza para a averiguação da licitude no modo de exercício de direitos, vedando, por exemplo, o comportamento contraditório ou desleal" e, ainda, "cânone para a interpretação dos negócios jurídicos".[46]

Enquanto a boa-fé liga-se a um dever de cooperação, impondo, para tal fim, pautas de correção, lealdade, probidade e consideração aos interesses legítimos do parceiro (*civiliter agere*), a confiança, relaciona-se, precipuamente, à geração de expectativas legítimas cuja manutenção pode constituir um dever jurídico – o dever de manter a confiança suscitada – e cuja frustração ocasiona responsabilidade.[47]

O princípio da confiança, no plano da sua eficácia, apresenta duas dimensões. Na sua dimensão negativa, ele limita o exercício

---

44 MARTINS-COSTA, Judith. "Princípio da confiança legítima e princípio da boa-fé objetiva". *Revista dos Tribunais*, nº 852/87, 2006.

45 BRANCO, Gerson Luiz Carlos. "A proteção das expectativas legítimas derivadas das situações de confiança: elementos formadores do princípio da confiança e seus efeitos". *Revista de Direito Privado*, nº 12/169, 2002.

46 MARTINS-COSTA, Judith. "Princípio da confiança legítima e princípio da boa-fé objetiva". *Revista dos Tribunais*, nº 852/87, 2006.

47 MARTINS-COSTA, Judith. "Princípio da confiança legítima e princípio da boa-fé objetiva". *Revista dos Tribunais*, nº 852/87, 2006.

de direitos quando violadores de uma confiança legitimamente suscitada. Na sua dimensão positiva, o princípio da confiança atua como fonte produtora de deveres jurídicos tendo em vista a satisfação das legítimas expectativas criadas.[48]

Na relação entre particulares e a Administração Pública "à 'lealdade e cooperação' como notas características do conceito de boa-fé operante nas relações interprivadas, agregam-se os elementos 'crença e confiança' como elementos da segurança jurídica",[49] nas palavras de Judith Martins-Costa. Por essa razão, a mesma autora é enfática:

> no direito público se amalgamam (ora sob a denominação "boa-fé", ora sob o nome "confiança") os deveres positivos de lealdade e honestidade e os deveres negativos de não frustrar (ou de não suscitar levianamente) as legítimas expectativas do administrado.[50]

A moralidade administrativa é um princípio a que se sujeita a Administração Pública, nos termos do art. 37 da Constituição da República. A Constituição da República também se refere à moralidade administrativa no seu art. 5º, inciso LXXIII. Há que se distinguir, aqui, a moral administrativa da moral comum, já que aquela se refere a valores que informam o Direito positivo, como a lealdade, a boa-fé, a veracidade e a honestidade.[51] A moralidade administrativa é o conjunto de regras de conduta segundo cânones da lealdade e da boa-fé que obrigam a Administração Pública a

---

48 MARTINS-COSTA, Judith. "Princípio da confiança legítima e princípio da boa-fé objetiva". *Revista dos Tribunais*, nº 852/87, 2006.

49 MARTINS-COSTA, Judith. "Princípio da confiança legítima e princípio da boa-fé objetiva". *Revista dos Tribunais*, nº 852/87, 2006.

50 MARTINS-COSTA, Judith. "Princípio da confiança legítima e princípio da boa-fé objetiva". *Revista dos Tribunais*, nº 852/87, 2006.

51 CAMMAROSANO. Márcio. *O princípio constitucional da moralidade e o exercício da função administrativa*. Belo Horizonte: Fórum, 2006, p. 95.

proceder em relação aos seus administrados com sinceridade e lhaneza, sendo-lhe proibido o comportamento astucioso, malicioso.[52]

O princípio da moralidade administrativa refere-se aos valores que informam as normas jurídicas, as quais "com seu 'inevitável conteúdo axiológico', seleciona valores que recolhe de outras ordens normativas do comportamento humano, como a lealdade, boa-fé, veracidade, honestidade".[53] São esses os valores que devem ser prestigiados pela Administração Pública para dar efetividade ao princípio da moralidade administrativa.

Da moralidade insculpida no art. 37 da Constituição da República deve-se extrair deveres objetivos de conduta administrativa a serem seguidos, proibindo-se a contradição de informações, a indolência, a leviandade de propósitos.[54] Em síntese, assinala o autor que a princípio da moralidade administrativa "obriga a um dever de transparência e lealdade por parte da Administração Pública".[55]

O princípio da confiança e o da boa-fé objetiva ensejam, além do dever de atuação correta, digna e confiável, a vedação ao *venire contra factum proprium*, o qual proíbe o agir contra seus próprios atos quando estes não estão eivados de ilicitude.[56] Sobre esse princípio, esclarece Francisco Ferreira Muniz destaca:

---

52 BANDEIRA DE MELLO, Celso Antônio. *Curso de direito administrativo.* São Paulo: Malheiros, 2011, pp. 119/120.

53 CAMMAROSANO. Márcio. *O princípio constitucional da moralidade e o exercício da função administrativa.* Belo Horizonte: Fórum, 2006, p. 95.

54 GIACOMUZZI, José Guilherme. *A moralidade administrativa e a boa-fé da Administração Pública*: o conteúdo dogmático da moralidade administrativa. São Paulo: Malheiros, 2002, p. 270.

55 GIACOMUZZI, José Guilherme. *A moralidade administrativa e a boa-fé da Administração Pública*: o conteúdo dogmático da moralidade administrativa. São Paulo: Malheiros, 2002, p. 270.

56 SCHEREIDER, Anderson. *A proibição de comportamento contraditório*: tutela da confiança e venire contra factum proprium. Rio de Janeiro: Renovar, 2007.

> a locução *venire contra factum proprium* traduz o exercício de um direito em contradição com o comportamento assumido anteriormente pelo titular. (...) Infringe a boa-fé quem pretende fazer valer um direito em contradição com sua conduta anterior, na qual a outra parte confia.[57]

Para Lucio Picanço Facci, a aplicação do princípio da vedação ao comportamento contraditório pressupõe a ocorrência cumulativa de quatro requisitos: uma conduta inicial (o *factum proprium*); a confiança legítima de outrem na preservação do sentido objetivamente extraído do *factum proprium*; o comportamento contraditório em relação ao sentido objetivo da conduta inicial; e, por fim, o dano efetivo ou potencial.[58]

O objeto da tutela do princípio não é a coerência entre os comportamentos, mas, sim, a confiança legítima que a conduta inicial provocou, preservando-se a lealdade entre o agente e o destinatário da conduta.[59] O princípio da proibição do comportamento contraditório incide nas relações jurídico-administrativas instrumentalizado pela *teoria das autolimitações administrativas*, a qual veda que a Administração Pública, ante os mesmos elementos de fato, adote entendimentos contraditórios ou em desacordo com os precedentes anteriormente firmados por ela. A vedação baseia-se

---

57 MUNIZ, Francisco Ferreira. *Textos de Direito Civil*. Curitiba: Juruá, 1998, p. 41.

58 FACCI, Lucio Picanço. "A proibição de comportamento contraditório no âmbito da Administração Pública: a tutela da confiança nas relações jurídico-administrativas". *Forense*, Rio de Janeiro, vol. 411, ano 106, set./out., 2010, p. 164.

59 FACCI, Lucio Picanço. "A proibição de comportamento contraditório no âmbito da Administração Pública: a tutela da confiança nas relações jurídico-administrativas". *Forense*, Rio de Janeiro, vol. 411, ano 106, set./out., 2010, p. 166.

na sujeição do Estado aos direitos e garantias fundamentais, conforme constatou Lucio Picanço Facci.[60]

Ou seja, veda-se que a Administração Pública adote um comportamento contraditório em relação a uma conduta inicial, já que esta despertou a confiança legítima de outrem na preservação do sentido objetivamente extraído do *factum proprium*. O ato incoerente é inválido por vulnerar os princípios que a *teoria das autolimitações administrativas* visa preservar.[61] Dentro da *teoria das autolimitações administrativas* existe a *subteoria dos atos próprios*. A *subteoria dos atos próprios* aplica-se quando, em uma mesma relação jurídica, a Administração Pública age de modo contrário ao comportamento anterior e, assim, atenta contra a confiança legítima do beneficiário do ato administrativo.[62]

1.7 Regulação, regime jurídico-administrativo, discricionariedade e vinculação

Não se pode negar a existência, entre nós, da arraigada ideia de *puissance publique*, antecedente à perspectiva duguitiana de serviço público como vetor da função administrativa, segundo a qual o Direito Administrativo é o ramo do Direito voltado, essencialmente, às especificidades do poder do Estado nos moldes preceituados pelo vetusto regime jurídico-administrativo.

60 FACCI, Lucio Picanço. "A proibição de comportamento contraditório no âmbito da Administração Pública: a tutela da confiança nas relações jurídico-administrativas". *Forense*, Rio de Janeiro, vol. 411, ano 106, set./out., 2010, p. 186.

61 FACCI, Lucio Picanço. "A proibição de comportamento contraditório no âmbito da Administração Pública: a tutela da confiança nas relações jurídico-administrativas". *Forense*, Rio de Janeiro, vol. 411, ano 106, set./out., 2010, p. 186.

62 FACCI, Lucio Picanço. "A proibição de comportamento contraditório no âmbito da Administração Pública: a tutela da confiança nas relações jurídico-administrativas". *Forense*, Rio de Janeiro, vol. 411, ano 106, set./out., 2010, p. 186.

Consoante lições de Celso Antônio Bandeira de Mello, o regime jurídico-administrativo decorre da consagração de dois princípios correlatos: supremacia e indisponibilidade do interesse público.[63] A supremacia do interesse público sobre o privado enseja, conforme o professor, uma posição privilegiada e de supremacia do órgão público competente para zelar pelo interesse público.

A posição privilegiada confere, por exemplo, a presunção de veracidade e legitimidade dos atos administrativos. Por outro lado, a supremacia implica na verticalidade das relações entre a Administração e particulares, que se manifesta, exemplificativamente, na possibilidade de constituição de obrigações por meio de ato unilateral e, ainda, o dever-poder de modificar, unilateralmente, relações já estabelecidas. A conjugação da posição privilegiada e de supremacia enseja a exigibilidade, a autoexecutoriedade e a autotutela dos atos administrativos.[64]

Especificamente com relação aos acordos de vontade estabelecidos entre a Administração e particulares, ainda que se diga serem marcados pela consensualidade e pela vinculação isonômica para ambos os contratantes, eles possuem especificidades que marcam, sobretudo, a possibilidade de a Administração Pública modificar, unilateralmente, o vínculo.[65] Ou seja, como decorrência da supremacia do interesse público que persegue, tem-se que é permitido à Administração alterar as obrigações do contratante e extinguir o vínculo contratual.[66]

---

63 BANDEIRA DE MELLO, Celso Antônio. *Curso de direito administrativo*. São Paulo: Malheiros, 2009, p. 55.

64 BANDEIRA DE MELLO, Celso Antônio. *Curso de direito administrativo*. São Paulo: Malheiros, 2009, pp. 70/71.

65 MEDAUAR, Odete. *Direito administrativo moderno*. São Paulo: Revista dos Tribunais, 2009, p. 219.

66 BANDEIRA DE MELLO, Celso Antônio. *Curso de direito administrativo*. São Paulo: Malheiros, 2012, p. 627.

Assim considerando, é preciso destacar que a discricionariedade deve ser revista para rechaçar o voluntarismo na regulação, dando lugar para decisões que, decorrentes do exercício de competência vinculada, pautam-se por objetividade e impessoalidade.

Com efeito, os atos administrativos praticados no exercício de competência discricionária são aqueles em que, consoante lições de Celso Antônio Bandeira de Mello:

> (...) a disciplina legal faz remanescer em proveito e a cargo do administrador uma certa esfera de liberdade, perante o quê caber-lhe-á preencher com seu juízo subjetivo, pessoal, o campo de indeterminação normativa, a fim de satisfazer no caso concreto a finalidade da lei.[67]

De todo modo, preceitua o mesmo autor que a variedade de soluções passíveis de serem adotadas no plano abstrato não significa que, obrigatoriamente, todas elas serão igualmente admissíveis no caso concreto

> a variedade de soluções comportadas na regra outorgadora de discrição não significa que todas estas soluções sejam igual e indiferentemente adequadas para todos os casos de sua aplicação. Significa, pelo contrário, que a lei considera que algumas delas são adequadas para certos casos e outras para outros casos.[68]

O sistema normativo impõe ao exercício da função administrativa a adoção, em cada caso concreto, da providência capaz de atender, com absoluta precisão, a finalidade que inspirou a

67 BANDEIRA DE MELLO, Celso Antônio. *Curso de direito administrativo*. São Paulo: Malheiros, 2009, pp. 951/952.

68 BANDEIRA DE MELLO, Celso Antônio. *Curso de direito administrativo*. São Paulo: Malheiros, 2009, p. 953.

edição da regra ou do princípio. Por essa razão, a multiplicidade das circunstâncias fáticas impõe a necessidade de se conceder ao administrador público a possibilidade de eleger, em cada caso concreto, a medida idônea para atingir a finalidade legal e, assim, atender, excelentemente, ao interesse público.[69]

Porém, isso não quer dizer que todas as soluções sejam igual e indiferentemente adequadas. Ainda que, abstratamente, sejam admitidas diversas soluções, isso não significa que a regra outorgadora de discricionariedade tenha conferido, obrigatoriamente, aceitabilidade a qualquer uma delas. É preciso que seja adotada a melhor solução possível.

Em outras palavras, a variedade de soluções possíveis no plano abstrato não leva, necessariamente, à conclusão de que todas as soluções sejam adequadas. Ao contrário, o sistema normativo impõe que seja adotada a solução que, de forma excelente, atenda ao interesse público. Nesse sentido, preceitua o já citado autor:

> (...) a discricionariedade ao nível da norma não significa, pois, que a discricionariedade existirá com a mesma amplitude perante o caso concreto e nem sequer que existirá em face de qualquer situação que ocorra, pois a compostura do caso concreto excluirá obrigatoriamente algumas das soluções admitidas in abstrato na regra e, eventualmente, tornará evidente que uma única medida seria apta a cumprir-lhe a finalidade.[70]

Em suma: ainda que, no plano abstrato, haja alguma indeterminação que permita ao administrador público, em tese, editar atos administrativos no exercício de competência discricionária, isso

69 BANDEIRA DE MELLO, Celso Antônio. *Curso de direito administrativo*. São Paulo: Malheiros, 2009, p. 952.

70 BANDEIRA DE MELLO, Celso Antônio. *Curso de direito administrativo*. São Paulo: Malheiros, 2009, p. 953.

não significa que, no caso concreto, subsistirá, necessariamente, margem para escolhas.

Já com relação aos atos administrativos exercidos no exercício de competência vinculada, eles decorrem das hipóteses em que a norma a ser implementada "prefigura antecipadamente com rigor e objetividade absolutos os pressupostos requeridos para prática do ato e o conteúdo que este obrigatoriamente deverá ter uma vez ocorrida a hipótese legalmente prevista".[71] Nesse caso, só existe uma decisão possível.

1.8 Regulação e rejeição à hipernomia

As funções do Estado atrelam-se, explícita ou implicitamente, às características, fins e poderes do Estado. Para Jorge Miranda, "a conceituação *ex professo* das funções acompanha o desenvolvimento das teorias gerais do Estado e do Direito público".[72] Na elaboração teórica das funções do Estado, nos afastamos da modelagem da clássica teoria da "separação dos poderes do Estado" ao comungar do entendimento sintetizado por André Ramos Tavares, para o qual "só por antonomásia é que se poderia denominar de separação de poderes a doutrina que pretende explicar e justificar a estruturação do 'poder' do Estado".[73] Trata-se de uma decorrência dos termos propostos por Karl Loewenstein, para o qual a chamada separação é, na verdade, distribuição de determinadas funções a diferentes órgãos do Estado, razão pela qual o vocábulo deve ser

---

71 BANDEIRA DE MELLO, Celso Antônio. *Curso de direito administrativo.* São Paulo: Malheiros, 2009, p. 951.

72 MIRANDA, Jorge. *Manual de direito constitucional.* tomo V. Coimbra: Coimbra, 2004, p. 12.

73 TAVARES, André Ramos. "Repartição de funções estatais: fundamento, estrutura e finalidade". *Revista do Advogado*, São Paulo, vol. 23, nº 73, nov. 2003, p. 24.

entendido de maneira meramente figurativa.[74] Do mesmo modo, Georges Burdeau, segundo o qual apenas as funções do Estado, atividades específicas, coordenadas e teleológicas, é que se sujeitam a parcelamentos, conforme Georges Burdeau.[75]

Ainda que o tema das funções estatais tenha sido enfrentado, de algum modo, por Cícero,[76] Políbio,[77] Aristóteles e John Locke,[78] coube a Montesquieu formular, à luz do pessimismo antropológico e de uma concepção iluminista de lei, a doutrina que se generalizou nas democracias ocidentais. O cerne da sua doutrina consiste na entrega de funções a órgãos distintos e especializados, o que serviria de mecanismo de contenção do poder.

Para Georg Jellinek,[79] o Estado detém dois fins: um jurídico e outro cultural. Pelo primeiro aspecto, estabelece e tutela o direito. Pelo segundo, o Estado afirma a força e incrementa a cultura. Para a satisfação destes fins, o Estado vale-se do estabelecimento de regras abstratas e atua concretamente para o alcance de objetivos específicos. Da combinação destes modos de atuar são obtidas as funções do Estado. A definição e imposição de regras abstratas para realização dos fins do Estado constitui a função legislativa. A definição de direitos incertos ou contestados concretamente, segundo um processo formal, constitui a função jurisdicional.

---

74 LOEWENSTEIN, Karl. *Teoría de la constitución.* Barcelona: Ariel, 1986, p. 55.

75 BURDEAU, Georges. "Remarques sur la classification des fonctions étatiques". *Revue du droit public*, Paris, nº 60, 1945, pp. 202-228.

76 CÍCERO, Marco Tulio. *Da república.* Livro I, capítulo XLV. São Paulo: Atena, 1956.

77 POLÍBIO. *História.* Brasília: UNB, 1985.

78 LOCKE, John. *Segundo tratado sobre o governo civil e outros escritos.* Petrópolis: Edusf, nº 143, cap. XII, 2006.

79 JELLINEK, Georg. *L'etat moderne et son droit.* tome 2, Théorie juridique de l'Etat. Paris: Pantheon-Assas, 2005.

A realização de objetivos concretos, para preenchimento de fim cultural, constitui a função administrativa.

Léon Duguit, na determinação das funções do Estado, vale-se da noção de ato jurídico, qual seja a manifestação de vontade tendente à produção de modificações na ordem jurídica, seja atual, seja futura próxima.[80] O ato jurídico, neste contexto, pode assumir a feição de ato-regra, ato-condição e ato subjetivo. O ato-regra é produzido com intento modificativo de regras abstratas constitutivas de Direito objetivo. O ato-condição torna aplicável, a determinado indivíduo, regras abstratas. O ato subjetivo gera obrigação especial, concreta, individual e momentânea, não imposta por nenhuma regra abstrata. O ato-regra é atrelado à função legislativa. A função administrativa relaciona-se ao ato-condição e ao ato subjetivo, além das operações materiais asseguradoras de serviços públicos. A função jurisdicional consiste na resolução de questão direito submetida ao Estado.[81]

Em Hans Kelsen, o Estado identifica-se com a ordem jurídica, razão pela qual as funções do Estado são tipicamente jurídicas. As funções do Estado correspondem a graus de realização da ordem jurídica. A aplicação do Direito é, concomitantemente, sua produção. Todo ato jurídico é, simultaneamente, aplicação de uma norma superior, e produção de outra inferior.

Para Karl Loewenstein, existem três funções do Estado. *Policy determination*, relacionada à deliberação das decisões políticas fundamentais conformadoras da sociedade no presente e no futuro; *policy execution*, voltada à adoção de medidas necessárias à implementação das decisões fundamentais; e, por fim, *policy control*, vinculada ao controle político dos órgãos estatais.

---

80 DUGUIT, Léon. *Traité de droit constitucionnel*. vol. I, p. 219. *Apud*: CAETANO, Marcello. *Manual de ciência política e direito constitucional*. tomo I. Coimbra: Almedina, 2009, p. 151.

81 DUGUIT, Léon. *Manuel de Droit Constitutionnel*. Paris: Pantheon-Assas, 2007, p. 26.

Traçando um quadro abrangedor das diversas modalidades das atividades desenvolvidas pelo Estado, Marcello Caetano, não crendo poderem estas reduzir-se à criação e aplicação do direito, ressalta a preocupação com atividades do Estado cujo conteúdo escapa dos atos de criação e aplicação do direito. Estas outras atividades, nem sempre em si mesmas jurídicas, e quando muito exteriormente reguladas pela lei, correspondem à função política e à técnica, as quais estão em relação de complementaridade e interdependência com as funções jurídicas do Estado legislativa e executiva.

A função legislativa define-se como a atividade dos órgãos do Estado que encerra o estabelecimento, direto e imediato, de normas de caráter geral e impessoal inovadoras da ordem jurídica.[82] A função executiva consiste na atividade dos órgãos que tenham por objeto, direto e imediato, a promoção e garantia do cumprimento das leis e aplicação de sanções, englobando as modalidades jurisdicional, caracterizada pela imparcialidade e passividade, e administrativa, marcada, ao contrário, pela parcialidade e iniciativa.[83]

Jorge Miranda apresenta uma divisão tricotômica das funções do Estado considerando, para tanto, a conjugação de critérios materiais, formais e orgânicos.[84] A inovação desta teoria, além desta conjugação de critérios, está na detecção de zonas de fronteira e de funções complementares. Função política, administrativa e jurisdicional decorrem dos fins ou do objeto dos atos em razão dos quais se desenvolvem (critério material), em razão dos modos e formas de sua manifestação (critério formal) e das instituições através dos quais são praticados estes atos (critério orgânico). A função política, pelo critério material, compreende a definição

82 CAETANO, Marcello. *Manual de ciência política e direito constitucional.* tomo I. Coimbra: Almedina, 2009, p. 166.

83 CAETANO, Marcello. *Manual de ciência política e direito constitucional.* tomo I. Coimbra: Almedina, 2009, p. 168.

84 MIRANDA, Jorge. *Manual de direito constitucional.* tomo V. Coimbra: Coimbra, 2004, p. 22.

primária e global do interesse público, a interpretação dos fins do Estado e escolha dos meios adequados para atingi-los. Pelo critério formal, abrange a liberdade ou discricionariedade máxima com subordinação às regras jurídicas, liberdade de escolha e ausência de sanções jurídicas específicas. Pelo critério orgânico, engloba os órgãos políticos e governativos em conexão direta com a forma e o sistema de governo.

A função administrativa, pelo critério material, realiza-se pela satisfação constante e cotidiana das necessidades coletivas, além da prestação de bens e serviços. Pelo critério formal, a iniciativa e, em regra, a parcialidade na garantia do interesse público. Pelo critério orgânico, marca-se pela dependência funcional. Nos termos apresentados, é na função legislativa do Estado que a hipernomia no Direito Administrativo sancionador, ao menos majoritariamente, manifesta-se. Face ao princípio da legalidade que rege a função administrativa, é o Legislativo o veículo introdutor de normas gerais e abstratas inovadoras da ordem jurídica, cabendo à Administração apenas exercer o poder regulamentar. De todo modo, é inegável que o Direito Administrativo sancionador sofre o influxo de determinadas prerrogativas na edição de normas especialmente quando nos deparamos com a "supremacia especial de sujeição".

Conforme classificação incorporada no Direito Administrativo brasileiro pelo mestre Celso Antônio Bandeira de Mello, além da supremacia geral da Administração sobre os administrados, na qual ela só possui o dever-poder de agir extraído diretamente da lei, ela pode possuir prerrogativas não diretamente extraídas da lei, desde que assentada na referida relação específica.[85]

De todo modo, preceitua o mestre que, nas relações especiais de sujeição, é indispensável, ao menos e dentre outros, que a Administração se atente à necessidade de "encontrar seu fundamento último

---

85 BANDEIRA DE MELLO, Celso Antônio. *Curso de direito administrativo*. São Paulo: Malheiros, 2009, p. 817.

em lei que, explícita ou implicitamente, confira aos órgãos públicos atribuições para expedir regramentos, os quais consistirão em especificações daqueles comandos". Isto é, as relações de sujeição especial são admitidos deveres-poderes que sejam fundamentados nas referidas relações, mas desde que estritamente necessários ao cumprimento das suas finalidades e não contrariem a Constituição e a lei.[86]

A hipernomia a que referimos no presente estudo é a antítese da anomia, palavra anomia, de origem grega, deriva de *anomos*, em que *a* significa inexistência e *nomos* norma. Portanto, a anomia denota, etimologicamente, ausência de norma.[87] O termo anomia foi difundido nas ciências sociais por Émile Durkheim para significar a chamada desintegração das normas sociais e a perda de referências normativas, o que decorre da complexidade dos desejos humanos, naturalmente ilimitados, e da indeterminação dos objetivos a atingir.[88] Por outro lado, Robert K. Merton concebeu a anomia como uma ruptura na estrutura cultural, uma disjunção entre as normas sociais e os objetivos culturais e a capacidade de cumpri-las, o que gera a ausência de sanção e a incerteza.[89]

Independentemente das críticas e da menor aceitabilidade contemporânea do conceito nas ciências sociais, ao menos na concepção durkheimiana, o termo foi incorporado ao Direito para significar a ausência de norma. Por outro lado, a hipernomia é caracterizada pelo seu excesso. Portanto, a hipernomia é um fenômeno que decorre, essencialmente, da função estatal com intento modificativo de regras abstratas constitutivas de direito.

---

86 BANDEIRA DE MELLO, Celso Antônio. *Curso de direito administrativo*. São Paulo: Malheiros, 2009, pp. 820/821.

87 CAVALIERI FILHO, Sergio. *Programa de sociologia jurídica*. São Paulo: Atlas, 2019.

88 DURKHEIM, Émile. *Da divisão do trabalho social*. São Paulo: EDIPRO, 2016; DURKHEIM, Émile. *O suicídio*. São Paulo: Martins Fontes, 2000, p. 322.

89 MERTON, Robert King. "Estrutura social e anomia". *In*: ______. *Sociologia*: teoria e estrutura. São Paulo: Mestre Jou, 1970.

Ademais, a hipernomia compreende não apenas o fenômeno de profusão de edição espécies normativas, mas também a atuação do intérprete qualificado do dever-poder regulatório que, valendo-se de regras e princípios, expressa normas com uma intensidade que lhe é incompatível.

Portanto, a hipernomia é um fenômeno que se manifesta, por um lado, pelo excesso de espécies normativas e, por outro, em razão da indiscriminada adoção de conceitos jurídicos indeterminados em matéria de regulador, abrindo a possibilidade para que o intérprete, valendo-se de regras e princípios, expresse normas de elevada intensidade incompatível com a estabilidade das relações.

A textura aberta da linguagem, a vagueza dos princípios e dos conceitos jurídicos indeterminados contribuem, decisivamente, para a hipernomia, conferindo ao intérprete o ilegítimo poder de conferir extensão e alcance casuístico, em detrimento, dentre outros, da segurança jurídica. Do mesmo modo, referidos atributos conferem ao aplicador a possibilidade de sempre reinterpretar a norma geral e abstrata, da qual decorrerá, também de acordo com os interesses momentâneos, uma decisão regulatória que, desprovida de qualquer critério jurídico objetivo e previsível, oscila de acordo com as conveniências momentâneas.

Com efeito, o emprego cada vez mais rotineiro da utilização de conceitos indeterminados na regulação, conceitos muito amplos e que abrangem potencialmente um grande número de situações, dificulta ao parceiro privado e ao próprio administrado prever como o Estado regulador vai reagir.

Sob a ótica analítica da dogmática jurídica, diferentemente do que Robert Alexy entendeu como "conceitos jurídicos autênticos",[90] os conceitos jurídicos indeterminados possuem o que Paulo

---

90 ALEXY, Robert. *Teoria da argumentação jurídica*. São Paulo: Landy, 2001, p. 245.

de Barros Carvalho chamou de heterogeneidade de conteúdo: "o direito posto, na sua continuidade normativa, oferece flagrante heterogeneidade de conteúdos, vista sua pretensão de regular as condutas intersubjetivas no contexto social".[91]

Ocorre que a heterogeneidade de conteúdo, que pode admitir interpretações para que seu significado varie a depender do sistema fático-jurídico em que estão inseridos – e segundo, portanto, os valores e desvios do regulador – é incompatível com as premissas que a condicionam e informam.

1.9 Regulação e a teoria dos princípios

As teorias analítico-normativistas do Direito, ao circunscrever as análises do fenômeno jurídico a purificados postulados dogmáticos, transformaram os princípios da supremacia e da unidade da Constituição a, respectivamente, espectros da estrutura piramidal da qual a Constituição é vértice e, ainda, mera implicação do método sistemático de interpretação. É o que deflui da teoria da pureza dogmática e científica, bem como das faculdades interpretativas do cientista jurídico em Hans Kelsen[92] e da teoria do raciocínio jurídico enquanto *meio-termo* entre formalismo e ceticismo no âmbito da Teoria do Direito como um sistema autorreferencial de regras em Herbert L. A. Hart.[93]

Com efeito, a clássica dogmática jurídica, fortemente influenciada pelo positivismo jurídico, possui, dentre outros postulados, o que o ordenamento serie nada mais que um conjunto de normas integradas em uma relação de unidade, coerência e completude.

---

91 CARVALHO, Paulo de Barros. *Direito tributário*: linguagem e método. São Paulo: Noeses, 2013, p. 181.

92 KELSEN, Hans. *Teoria pura do direito*. São Paulo: Martins Fontes, 2011.

93 HART, Herbert L. A. *O conceito de direito*. Lisboa: Fundação Calouste Gulbenkian, 2007.

Entretanto, à luz da teoria crítica da Constituição, é fundamental que – em caráter propedêutico à compreensão dogmática dos princípios constitucionais – questionemos vetustas e superadas conceituações e definições dos princípios da supremacia e da unidade da Constituição.

Para além de distinguir princípios e regras enquanto espécies do gênero de normas constitucionais, é preciso, na intelecção dos referidos princípios, compreendê-los tendo em vista as particularidades das normas constitucionais e, consequentemente, do processo hermenêutico delas lastreado, bem como sujeitar ao crivo do questionamento conceitos e definições simplistas e tautológicos. O poder da Constituição, enquanto força contramajoritária por excelência, não se reduz aos meros efeitos impostos pela hierarquia piramidal.

Ao sujeitarmos os princípios da supremacia e da unidade da Constituição ao crivo do questionamento, identificamos conceitos e definições simplistas e tautológicos que, simplesmente, remetem à condição de ápice do sistema normativo ocupado pela Constituição e, ainda, à mera decorrência, através do princípio da unidade da Constituição, ao método sistemático de interpretação clássica.

Para além das funções habitualmente associadas aos princípios da supremacia e da unidade da Constituição, é preciso tutelar, para além da ocasional e momentânea vontade majoritária legislada, o pacto intergeracional estabelecido pela Constituição, bem como suas condições e possibilidades que nada mais fazem que tutelar valores supremos e inegociáveis.

É nesse contexto que se afirma, exemplificativamente, que a Constituição é um *locus* de legitimação discursiva de decisões políticas coexistente com a legitimação majoritária ocasional, servindo-lhe de contraponto e complemento.

A compreensão dos princípios da supremacia e da unidade da Constituição requer que adentremos, ainda que perfunctoriamente, na distinção entre os princípios e as regras constitucionais e, ainda, das particularidades das normas constitucionais. As normas constitucionais possuem particularidades que a individualizam daquelas igualmente integrantes do sistema de Direito positivo, isso em razão de estarmos diante de normas que são o fundamento de outras.[94]

Com relação à distinção entre princípios e regras constitucionais é preciso frisar, no que tange às semelhanças, que "ambos descrevem algo que deve ser".[95] Referido elemento comum nos leva a enquadrá-los, dado referido modal deôntico comum, em espécies de normas constitucionais. Apresentado referida característica identitária, a questão que se coloca é quanto ao elemento distintivo entre ambas.

Costuma-se valer da maior generalidade e abstração dos princípios para distingui-los das regras, o que vem se mostrando superado na contemporaneidade. Nesse mister, é importante detalhar, ainda que brevemente, as teorias dworkiniana e alexiana, destacando-se, desde já, que é preciso, sob pena de esvaziamento de sentido e da força normativa da Constituição, rechaçar condicionamentos à eficácia dos princípios constitucionais, sucumbindo-os à atuação infraconstitucional ou às circunstâncias fáticas residentes no estado de coisas, especialmente em matérias relativas à direitos fundamentais.

Realizadas referidas ressalvas, Ronald Dworkin reconheceu a semelhança entre princípios e regras na medida em que ambos estabelecem obrigações jurídicas que se distinguem, ao contrário da indeterminabilidade, pelas caraterísticas da diretiva jurídica.[96]

---

94 MENDES, Gilmar Ferreira; BRANCO, Paulo Gustavo Gonet. *Curso de direito constitucional.* São Paulo: Saraiva Educação, 2021, p. 33.

95 MENDES, Gilmar Ferreira; BRANCO, Paulo Gustavo Gonet. *Curso de direito constitucional.* São Paulo: Saraiva Educação, 2021, p. 33.

96 DWORKIN, Ronald. *Taking rights seriously.* Cambridge, Mass: Harvard University, 1978, p. 24.

Enquanto as regras possuem características de aplicação disjuntiva – ser aplicável ou não – os princípios possuem, na visão do teórico, a chamada dimensão de peso, inclusive diante da colisão entre eles.

Robert Alexy, pressupondo que os princípios, ao se constituírem em comandos de otimização, exigem, no cotejamento com outros princípios, e até mesmo na relação com as regras, uma concretização na maior medida possível.[97] De acordo com a chamada lei de sopesamento, quanto maior for o grau de interferência em um princípio, maior deve ser a importância em se realizar um outro.[98] A solução de eventual conflito entre princípios deve ocorrer por meio da atribuição de pesos ou grandezas distintas, isso para fins de constatação daquele mais preponderante diante de um conflito concreto.

O resultado da aplicação da lei de sopesamento – e, consequentemente, o resultado do uso da chamada fórmula do peso – deverá consistir na atribuição de pesos ou grandezas distintas a um princípio em relação ao outro. Em outras palavras, o resultado da fórmula do peso implicará na atribuição de pesos relativos aos princípios em conflito, o que permitirá estabelecer se, e em que medida, qual deve preponderar. O cálculo é realizado levando-se em consideração a interferência causada pela realização dos valores em conflito, bem como a interferência sofrida por um quando se realiza ou outro.

Na análise sobre ser ou não um dos princípios em conflito mais preponderante do que outro, é preciso avaliar, de acordo com o teórico, o grau de interferência que a realização de um princípio causa no outro e, ainda, o grau de interferência sofrida pelo primeiro na realização do segundo, mesmo que referida realização

---

97 ALEXY, Robert. *Teoría de los derechos fundamentales*. Madrid: Centro de Estudios Constitucionales, 1993, p. 81.

98 ALEXY, Robert. "On balancing and subsumption: a structered comparison". *Ratio Juris*, vol. 16, nº 4, 2003, p. 436.

consista apenas na omissão em se realizar o primeiro quando da defesa do segundo.[99] O resultado da fórmula do peso consistirá na atribuição de pesos relativos aos princípios em conflito, isso para que se possa estabelecer se, e em que medida, um deve preponderar sobre o outro.

Portanto, para determinar qual dos princípios em colisão deve ser considerado mais relevante, será necessário avaliar três aspectos. O primeiro é o peso abstrato dos valores em conflito, isto é, a relevância, independentemente de qualquer situação concreta, que os valores ou princípios em conflito possuem. O segundo é a interferência que a realização de um causa no outro, bem como a interferência que a realização do segundo, normalmente pela simples omissão em realizar o primeiro, causa no primeiro dos princípios em conflito. O terceiro é com relação às evidências que possam fundamentar, racionalmente, as considerações relativas à interferência. As afirmações devem ser verificáveis e baseadas em evidências empíricas. Ou seja, é preciso adotar um discurso racional e fundamentado.

Acreditamos que o discursivismo alexyano e a adoção da técnica da ponderação dos princípios que propõe, se corretamente aplicados, podem funcionar como instrumento eficaz para redução dos subjetivismos do intérprete autêntico na aplicação do Direito, estreitando os limites da discricionariedade e tornando a decisão "racionalizável", ainda que reconheçamos a impossibilidade de aniquilar completamente a ocorrência de subjetividade.[100]

Contudo, não podemos deixar de consignar que é preciso cautela na aplicação errônea ou mesmo distorcida da doutrina

---

99 ALEXY, Robert. "On balancing and subsumption: a structered comparison". *Ratio Juris*, vol. 16, nº 4, 2003, p. 441.

100 SERRANO, Pedro Estevam Alves Pinto. *Autoritarismo e golpes na América Latina*: breve ensaio sobre jurisdição e exceção. São Paulo: Alameda, 2016, p. 139.

discursivista de cunho argumentativo, pelo que se convencionou chamar de *panprincipiologismo*, ou seja, a enunciação de princípios desprovidos de qualquer força normativa para justificar qualquer argumentação jurídica. De todo modo, é claro que o problema reside na descabida aplicação da teoria alexyana e não propriamente nos equívocos da teoria, como acertadamente concluiu Pedro Estevam Alves Pinto Serrano.[101]

1.10 Regulação, as especificidades da hermenêutica constitucional e os princípios da supremacia e da unidade da Constituição

A interpretação constitucional possui particularidades que a singularizam no universo da interpretação jurídica em geral. As complicações da interpretação constitucional remontam às peculiaridades da Constituição, a qual é caracterizada por específica superioridade e natureza da linguagem, marcada pela textura aberta, pela vagueza dos princípios e por conceitos jurídicos indeterminados.

Referida problemática não passou despercebida por Eduardo Garcia de Enterria,[102] o qual, sensível à amplitude das fórmulas adotadas pela Constituição, salientou que a interpretação constitucional será sempre inserta em uma problemática que exclui qualquer parâmetro simplista.[103]

Com efeito, sob a ótica analítica da dogmática jurídica, diferentemente do que Robert Alexy entendeu como "conceitos jurídicos

---

101 SERRANO, Pedro Estevam Alves Pinto. *Autoritarismo e golpes na América Latina*: breve ensaio sobre jurisdição e exceção. São Paulo: Alameda, 2016, p. 139.

102 ENTERRIA, Eduardo Garcia de. *La constitucion como norma y el tribunal constitucional.* Madrid: Civitas, 1988, p. 231.

103 ENTERRIA, Eduardo Garcia de. *La constitucion como norma y el tribunal constitucional.* Madrid: Civitas, 1988, p. 223.

autênticos",[104] a vagueza da linguagem nos leva ao enquadramento como os chamados "conceitos jurídicos indeterminados".[105] A mesma expressão, do mesmo modo, possui o que Paulo de Barros Carvalho chama de heterogeneidade de conteúdo. Para o autor, "o direito posto, na sua continuidade normativa, oferece flagrante heterogeneidade de conteúdos, vista sua pretensão de regular as condutas intersubjetivas no contexto social".[106]

Enquanto os "conceitos jurídicos autênticos" estão inseridos "na dogmática ajustada ao tratamento conceitual-sistemático da lei válida", os "outros conceitos que ocorrem nas normas jurídicas" estão incluídos no campo da interpretação pura.

É no referido contexto de particular complexidade que a intepretação constitucional desafia os intérpretes a determinar a extensão e o alcance das previsões constitucionais através de uma "metódica racional e controlável",[107] constituindo-se os princípios da supremacia e da unidade da Constituição nos mais relevantes instrumentos de superação de desafios que a prática constitucional nos impõe atualmente.

A travessia, pela Constituição, entre o fenômeno político e a ordem instituída constitucionalmente, isso através da manifestação do poder constituinte originário, é outro aspecto digno de nota. Referida ascendência das normas constitucionais levou Luís Roberto Barroso a afirmar que as normas constitucionais "são políticas quanto à sua origem, quanto ao seu objeto e quanto aos

---

104 ALEXY, Robert. *Teoria da argumentação jurídica*. São Paulo: Landy: 2001, p. 245.

105 ALEXY, Robert. *Teoria da argumentação jurídica*. São Paulo: Landy: 2001, p. 246.

106 CARVALHO, Paulo de Barros. *Direito tributário*: linguagem e método. São Paulo: Noeses, 2013, p. 181.

107 SARLET, Ingo Wolfgang; MARINONI, Luiz Guilherme; MITIDIERO, Daniel Francisco. *Curso de direito constitucional*. São Paulo: Saraiva Jur, 2021, p. 96.

resultados de sua aplicação. De fato, a Constituição resulta do poder constituinte originário, tido como poder político fundamental".[108]

Não se pode, por uma obviedade, desconsiderar, no processo hermenêutico, bem como na compreensão dogmática dos princípios constitucionais, que as normas constitucionais possuem tais particularidades que não apenas a singularizam, como também impõem ao intérprete especial e acurada técnica que não se reduz aos parâmetros reducionistas da clássica aplicação do Direito. A transcendência das pretensões da Constituição, em especial a de ordenar a totalidade do sistema de Direito positivo, imprime à interpretação das normas constitucionais natural complexidade.[109]

Fortemente inspirado nas teorias normativistas, especialmente de matriz kelseniana, preceitua-nos a clássica dogmática jurídica que, à luz do princípio da sua supremacia, a Constituição assume posição jurídica de vértice do sistema de Direito positivo, bem como fundamento de validade de todas as normas que lhe sejam inferiores, condicionando a produção normativa – seja ela infraconstitucional e até mesmo, em algumas hipóteses, como manifestação do poder constituinte derivado – e de atuação dos poderes constituídos.

É por essa razão que se afirma que não pode subsistir validamente nenhuma norma que esteja em desconformidade com a Constituição.[110] Ademais, a Constituição é o ato inaugural do

---

108 BARROSO, Luís Roberto. *Interpretação e aplicação da Constituição*. São Paulo: Saraiva, 1997, p. 104.

109 "Es cierto que, dada la enorme transcendencia de las reglas constitucionales y su pretensión de ordenar y dirigir la totalidad del sistema legal, 'el proceso de examinar el significado de los conceptos constitucionales es la forma más elevada, y de mayor dificultad, de la labor judicial' pero lo importante es notar que sigue siendo labor judicial estricta". (ENTERRIA, Eduardo Garcia de. *La constitucion como norma y el tribunal constitucional*. Madrid: Civitas, 1988, p. 234).

110 CANOTILHO, José Joaquim Gomes. *Direito Constitucional*. Coimbra: Almedina, 1991, p. 142.

Estado, isso na medida em que seu advento e superveniência faz com que o alicerce de legitimação de todo o ordenamento jurídico seja modificado,[111] instaurando uma nova ordem.

É nesse cenário que se costuma afirmar que a relação entre as novas normas constitucionais – isso através da manifestação do poder constituinte derivado – e as normas infraconstitucionais anteriores decorre da convergência entre o princípio da supremacia da Constituição e do chamado princípio da continuidade da ordem jurídica.[112] Também por essa razão é que se consigna que a supremacia da Constituição condiciona a validade e o sentido de todo o ordenamento jurídico.[113]

O ordenamento jurídico nada mais é, nas teorias normativistas, do que um escalonamento vertical e hierarquizado de espécies normativas, razão pela qual, em decorrência do princípio da sua supremacia,[114] a Constituição costuma ser entendida como a norma de validade[115] de todo o sistema.

---

111 ARAUJO, Luiz Alberto David; NUNES JÚNIOR, Vidal Serrano. *Curso de direito constitucional*. São Paulo: Verbatim, 2018, p. 53.

112 BARROSO, Luís Roberto. *Interpretação e aplicação da Constituição*: fundamentos de uma dogmática constitucional transformadora. São Paulo: Saraiva, 2009, pp. 71/72.

113 BARROSO, Luís Roberto. *Curso de direito constitucional contemporâneo*. São Paulo: Saraiva, 2010, p. 300.

114 Ingo Wolfgang Sarlet ensina que: "O princípio da supremacia da Constituição se traduz no farto de que as normas constitucionais, dada a sua origem e em virtude da distinção entre o poder constituinte e os poderes constituídos, ocupam posição hierárquica superior em relação a toda e qualquer norma ou ato oriundo dos assim chamados poderes constituídos, portanto em relação às demais normas do ordenamento jurídico". (SARLET, Ingo Wolfgang. *Curso de direito constitucional*. São Paulo: Revista dos Tribunais, 2012, p. 215).

115 Consoante Hans Kelsen: "Por 'validade' queremos designar a existência específica de normas. Dizer que uma norma é válida é dizer que pressupomos sua existência ou – o que redunda no mesmo pressupomos que ela possui 'força de obrigatoriedade' para aqueles cuja conduta regula. As regras jurídicas, quando válidas, são normas". (KELSEN, Hans. *Teoria geral do direito e do estado*. São Paulo: Martins Fontes, 1998, p. 43).

Consequentemente, todas as demais normas devem com ela se harmonizar para que a unidade do sistema esteja assegurada. Sob o ponto de vista teleológico, considera-se que a preservação do Estado constitucional se manifesta, primariamente, na tutela e garantia da própria Constituição em sua supremacia.

Preceitua-nos a clássica dogmática jurídica que a chamada unidade da Constituição, enquanto princípio da interpretação constitucional, nos conduz à intelecção de que "cada norma constitucional deve ser interpretada e aplicada de modo a considerar a circunstância de que a Constituição representa uma unidade, um todo indivisível".[116] Resta-nos saber, para além da abstração, em que medida e extensão é possível extrair, do referido princípio, relevância para a interpretação constitucional.

Pouco contribuiríamos para a ciência do Direito se nos limitássemos à mera abstração e aos postulados normativistas da clássica dogmática jurídica na definição superficial dos princípios em exame. Em outras palavras, acreditamos que pouco teremos dito ao simplesmente replicarmos a noção piramidal atrelada, em especial, ao princípio da supremacia da Constituição.

Já com relação ao princípio da unidade da Constituição, as lições de Eros Roberto Grau permitem-nos evoluir no aprofundamento da sua compreensão, ainda que, em grande medida, venha a reduzir referido princípio ao método sistemático de interpretação jurídica. Para o autor, "trata-se de levar a sério a noção de que a Constituição (o que se aplica ao direito em geral) não pode ser pura e simplesmente lida em tiras, aos pedaços isolados".[117] Luís Roberto Barroso, por sua vez, atenta-se, acertadamente, sobre a

---

116 SARLET, Ingo Wolfgang; MARINONI, Luiz Guilherme; MITIDIERO, Daniel Francisco. *Curso de direito constitucional*. São Paulo: Saraiva Jur, 2021, p. 96.

117 GRAU, Eros Roberto. *Ensaio e discurso sobre a interpretação/aplicação do direito*. São Paulo: Malheiros, 2003, p. 88.

função exercida pelo princípio da unidade da Constituição, na medida em que visa "solucionar as tensões que se estabelecem dentro da própria Constituição".[118]

Para além das funções habitualmente associadas aos princípios da supremacia e da unidade da Constituição, é preciso tutelar, para além da ocasional e momentânea vontade majoritária legislada, o pacto intergeracional estabelecido pela Constituição, bem como suas condições e possibilidades que nada mais fazem que tutelar valores supremos e inegociáveis.

A Constituição realiza a "demarcação das diretrizes políticas, em suas linhas fundamentais",[119] refletindo uma opção política fundamental de uma sociedade.[120] Por essa razão é que a efetivação da supremacia da Constituição, bem como da sua superioridade normativa, impõe a tutela da chamada autoprimazia normativa. Sendo a Constituição a *lex superior*, estamos diante de uma norma de normas, bem como de *norma normarum*, fonte de produção jurídica de outras normas.[121]

Com efeito, a Constituição é fundamento de existência e validade de todas as demais normas jurídicas integrantes do sistema de Direito positivo. Ela exerce a função de conferir coesão e coerência ao ordenamento jurídico, isso por ser vértice do sistema normativo, corrigindo violações e, ainda, garantindo prelazia da sua vontade soberana inclusive sobre forças majoritárias momentâneas e episódicas:

---

118 BARROSO, Luís Roberto. *Curso de direito constitucional contemporâneo*. São Paulo: Saraiva, 2010, p. 302.

119 TAVARES, André Ramos. *Tribunal e jurisdição constitucional*. São Paulo: Celso Bastos, 1998, p. 117.

120 SCHMITT, Carl. *Teoría de la Constitución*. Madrid: Revista de Derecho Privado, 1928.

121 CANOTILHO, José Joaquim Gomes. *Direito Constitucional e teoria da Constituição*. Coimbra: Almedina, 2010.

> a soberania do parlamento e da intangibilidade e onipotência do legislador parlamentário perdeu definitivamente terreno em favor da concepção da soberania e supremacia da Constituição e do caráter constituído e subordinado do Poder Legislativo, bem como da convicção de que o princípio da maioria não equivale à prepotência nem pode traduzir-se na imunidade do Poder Legislativo e do Executivo perante as violações da lei fundamental. A soberania do parlamento cedeu passo à supremacia da Constituição. O respeito pela separação dos Poderes e pela submissão dos juízes à lei foi suplantado pela prevalência dos direitos dos cidadãos face ao Estado. A ideia base é a de que a vontade política da maioria governante de cada momento não pode prevalecer contra a vontade da maioria constituinte incorporada na Lei Fundamental. O poder constituído, por natureza derivado, deve respeitar o poder constituinte, por definição originário.[122]

Rudolf Smend tinha por Constituição a ordenação jurídica do Estado, a dinâmica vital na qual se desenvolve a vida do Estado, isto é, de seu processo de integração com vistas à permanente reestruturação da sua realidade. A Constituição é o modelo legal ou normativo de determinados aspectos deste processo.[123] Além da dimensão social, isto é, configuração das condições de vida, as dimensões liberais, pela coordenação e limitação do poder estatal, e democrática, relacionada à formação da unidade política, a noção de Constituição não esgota na sua visão meramente procedimental dos poderes constituídos.

A crise do Estado de Direito legalista,[124] bem como o esgotamento do paradigma legal como única "tecnologia disciplinar", "tecnologia

---

122 STRECK, Lenio Luiz. *Jurisdição constitucional e hermenêutica*. Rio de Janeiro: Forense, 2004, p. 104.

123 SMEND, Rudolf. *Verfassung und Verfassungsrecht in Staatsrechtliche Abhandlungen und andere Aufsätze*. Berlim: Duncker & Humblot, 1994, p. 274.

124 TAVARES, André Ramos. *Teoria da Justiça Constitucional*. São Paulo: Saraiva, 2005, p. 42.

coercitiva do comportamento",[125] na expressão de Michel Foucault, abriu caminho ao surgimento do Estado constitucional de Direito.[126]

Nesse contexto, "exsurge um papel para o Direito que vai muito além da Constituição enquanto mero instrumento para a aferição de parametricidade formal".[127] O surgimento de um Estado Constitucional implicou, do mesmo modo, na transposição de um modelo baseado na "democracia radical"[128] exacerbadora da vontade majoritária legislada, para um modelo baseado em valores inegociáveis e no consenso[129] inclusive privilegiador de vontades minoritárias. A função legislativa do Estado, até então onipotente e soberana,[130] perdeu seus privilégios.

Ademais, a ideia de supremacia da Constituição, de vontade da Constituição, pressupõe uma Justiça hábil a garanti-la.[131] Nesse sentido, de acordo com André Ramos Tavares, a reconsideração da função do Judiciário, a ampliação dos centros estatais de produção do Direito e a imputação de força normativa à Constituição geraram a necessidade de um órgão regularizador do sistema,

---

125 FOUCAULT, Michel. *Vigiar e punir*: nascimento da prisão. São Paulo: Vozes, 2014, p. 300.

126 TAVARES, André Ramos. *Teoria da Justiça Constitucional*. São Paulo: Saraiva, 2005, p. 42.

127 STRECK, Lenio Luiz. *Jurisdição constitucional e hermenêutica*. Rio de Janeiro: Forense, 2004, p. 103.

128 FRIEDRICH, Carl J. "Teoría y realidad de la organización constitucional democrática: en Europa y America". *Apud*: TAVARES, André Ramos. *Teoria da Justiça Constitucional*. São Paulo: Saraiva, 2005, p. 43.

129 TAVARES, André Ramos. *Teoria da Justiça Constitucional*. São Paulo: Saraiva, 2005, p. 44.

130 TAVARES, André Ramos. *Teoria da Justiça Constitucional*. São Paulo: Saraiva, 2005, p. 45.

131 TAVARES, André Ramos. *Teoria da Justiça Constitucional*. São Paulo: Saraiva, 2005, p. 71.

harmonizando-o.[132] A soberania popular enquanto vontade constitucionalmente positivada configura-se em restrição ao absolutismo da democracia consubstanciada tão-somente à voz das urnas:

> No Estado Constitucional de Direito há como que uma primazia da Constituição positivada relativamente ao postulado da soberania popular representativa. A vontade da maioria atual cede em face da norma constitucional que disponha em sentido contrário. A maioria momentânea deve curvar-se à vontade da maioria constituinte. Preserva-se a soberania popular consubstanciada na Constituição e, a partir desta, normatizada. Assim, assegura-se ao Tribunal Constitucional essa conotação popular, de representante da soberania popular, da vontade expressa na Constituição, para promovê-la e protegê-la.[133]

Nesse sentido, destaque-se Tocqueville, o qual consignou peremptoriamente ter "por ímpia e detestável a máxima de que, em matéria de governo, a maioria de um povo tem o direito de tudo fazer".[134] Foi nesse contexto que a crise do Estado de Direito legalista deu lugar ao advento do Estado constitucional de Direito.

A Constituição é um *locus* de legitimação discursiva de decisões políticas coexistente com a legitimação majoritária ocasional, servindo-lhe de contraponto e complemento. Alexander Bickel pontua, por exemplo, que uma questão inerente ao controle de constitucionalidade é a sua força contramajoritária, uma vez que a declaração de inconstitucionalidade, pela jurisdição constitucional, opõe-se à vontade de representantes do povo e, portanto, contra a

---

132 TAVARES, André Ramos. *Teoria da Justiça Constitucional*. São Paulo: Saraiva, 2005, p. 104.

133 TAVARES, André Ramos. *Teoria da Justiça Constitucional*. São Paulo: Saraiva, 2005, p. 498.

134 TOCQUEVILLE, Alexis de. *A democracia na América*. São Paulo: Universidade de São Paulo, 1987, p. 193.

maioria dominante ocasionalmente.[135] A *contramajoritarian difficulty* é, assim, um fenômeno ligado à possibilidade de as instâncias judiciais sobreporem suas decisões às dos agentes políticos eleitos a partir da interpretação constitucional.

A Constituição, nessas circunstâncias, apresenta-se como um espaço de legitimação discursiva ou argumentativa que coexiste com a legitimação majoritária, servindo-lhe de contraponto e complemento.[136]

A noção de democracia não se reduz à simples ideia majoritária. Implica, do mesmo modo, tolerância, conforme Mauro Cappelletti.[137] Desguarnecidas estariam as minorias ante a primazia integral da vontade da maioria, especialmente em sociedades plurais. Nesse sentido, direciona-se André Ramos Tavares, para o qual,

> o princípio majoritário não é absoluto e nem poderia sê-lo, caso contrário, a atuação do legislativo e do executivo – órgãos reconhecidamente eleitos segundo o princípio da maioria – estaria a salvo das eventuais violações à Constituição, com o que se produziria uma insuportável imunidade da atividade desses poderes. e a consequente ruína do sistema jurídico e, com ele, de qualquer segurança ou justiça possível.[138]

---

135 BICKEL, Alexander. *The least dangerous branch*: the Supreme Court at the bar of politics. Indianapolis: Bobbs-Merrill, 1986, pp. 16-23.

136 MENDONÇA, Eduardo Bastos de. "A constitucionalização da política: entre o inevitável e o excessivo". *Apud*: BARROSO, Luís Roberto. "Constituição, democracia e supremacia judicial: direito e política no Brasil contemporâneo". *In*: ______. *O controle de constitucionalidade no direito brasileiro*. São Paulo: Saraiva, 2010.

137 CAPPELLETTI, Mauro. *Juízes legisladores?* Porto Alegre: Sérgio Antônio Fabris, 1993, p. 107.

138 TAVARES, André Ramos. *Tribunal e jurisdição constitucional*. São Paulo: Celso Bastos, 1998, p. 84.

Inexiste democracia se a vontade da maioria não respeitar um conteúdo ético mínimo promotor da filiação do indivíduo à comunidade política, expresso na Constituição. A intelecção dos princípios da supremacia e da unidade da Constituição deve ocorrer com o cotejamento de referidos aspectos que costumam ser relegados pela clássica dogmática jurídica.

Em Ronald Dworkin, a democracia prescinde da realização da *volonté generale*. Não se realiza unicamente pela prevalência da soberania do povo nas decisões do Estado. Essa constatação parte da dupla dimensão que, para o autor, a democracia deve apresentar. A primeira, principiológica, ligada às decisões que, fundamentadas nos princípios, legitimam-se pelo conteúdo. A segunda legitima-se por meio do procedimento.[139]

O exercício do poder nos termos da Constituição está, de acordo com José Joaquim Gomes Canotilho, na conformação jurídico-constitucional do poder democrático e na juridicização da organização do poder político.[140] É nesse complexo contexto que devem ser, igualmente, compreendidos os princípios da soberania e unidade da Constituição, fugindo de conceituações e definições que, para além da tautologia, pouco ou nada dizem.

139 TAVARES, André Ramos. *Tribunal e jurisdição constitucional*. São Paulo: Celso Bastos, 1998, p. 202.

140 CANOTILHO, José Joaquim Gomes. *Direito Constitucional e teoria da Constituição*. Coimbra: Almedina, 2010.

CAPÍTULO II

SANEAMENTO NA CONSTITUIÇÃO: COMPETÊNCIAS DOS ENTES FEDERADOS E REGIME JURÍDICO DE SERVIÇO PÚBLICO

2.1 Competências legislativas dos entes federados União, Estados e Municípios em matéria de saneamento

Adotando critério híbrido e tendo em vista os valores e fundamentos do Estado democrático de Direito (preâmbulo e art. 1º), bem como os objetivos da República Federativa do Brasil (art. 3º), nossa Constituição estabeleceu um complexo sistema de repartição de competências que consiste, em linhas gerais, na técnica da enumeração das funções da União e dos Municípios e campo remanescente aos Estados.

O modelo constitucional de repartição de competências dos entes federados brasileiros foi delineado tendo em vista o princípio da predominância do interesse, segundo o qual cabe à União as matérias de predominante interesse nacional, aos

Estados as matérias de predominante interesse regional e que não estejam elencadas dentre as competências da União ou dos Municípios. Por fim, aos Municípios competem os assuntos de interesse predominantemente local.

No que concerne às competências legislativas da União, a elas foram reservadas, privativamente, as matérias arroladas no art. 22 da Constituição. Já quanto aos Estados, no tocante às matérias arroladas no art. 24, eles devem legislar de forma complementar e supletiva por meio do exercício de uma competência concorrente. Além destas, lhes foram conferidas competências residuais, ou seja, que não pertencem ao âmbito de competência da União e dos Municípios (art. 25), admitida, ainda, uma possível competência delegada, conferida apenas por lei complementar para disciplinar aspectos específicos das matérias de competência privativa da União (art. 22, parágrafo único). Aos Municípios, foram conferidas competências reservadas para atuação em assuntos designados como de predominante interesse local.

Em matéria de saneamento, a Constituição conferiu à União a competência para estabelecer as diretrizes de desenvolvimento urbano, dentre as quais se incluem o saneamento (art. 21, inciso XX). De todo modo, em sendo assunto de interesse local, foi aos Municípios que a nossa Constituição conferiu papel central, inclusive para exercer competência legislativa, em matéria de saneamento, respeitadas as diretrizes da União. Já quanto aos Estados, a eles competem integrar a organização, o planejamento e a execução das atividades de saneamento em regiões metropolitanas, aglomerados urbanos e microrregiões (art. 25, §3°).

Na medida em que saneamento e política urbana são matérias indissociáveis, torna-se relevante destacar que é competência legislativa concorrente da União, dos Estados e do Distrito Federal dispor sobre direito urbanístico (art. 24, inciso I) ao passo que, consoante art. 182, *caput*, da Constituição, a política de desenvolvimento urbano, executada pelo Poder Público municipal, conforme diretrizes gerais fixadas em lei, visa ordenar o pleno desenvolvimento das funções sociais da cidade e garantir o bem-estar.

Por essa razão, a Lei n. 10.257/2001, ao estabelecer as diretrizes gerais da política urbana, previu, no seu art. 2º, inciso I, que ela visa ordenar o pleno desenvolvimento das funções sociais da cidade e da propriedade urbana, mediante, dentre outras, o direito à cidade sustentável. Do mesmo modo, compete à União, por iniciativa própria e em conjunto com os Estados, o Distrito Federal e os Municípios, criar programas de saneamento (art. 3º, inciso III), bem como instituir diretrizes para desenvolvimento urbano, inclusive saneamento (art. 3º, inciso IV).

2.2 Competência dos Municípios para a prestação do serviço público de saneamento

A autonomia municipal é assegurada, em especial, pelo art. 18, *caput*, da Constituição, segundo o qual a organização político-administrativa da República Federativa do Brasil compreende a União, os Estados, o Distrito Federal e os Municípios. A autonomia municipal assenta-se em quatro capacidades: capacidade de auto-organização[141] (elaboração de lei orgânica própria), capacidade de autogoverno (eletividade do Prefeito e dos Vereadores), capacidade normativa própria (autolegislação, mediante a competência para elaboração de leis municipais sobre matérias que são reservadas à sua competência exclusiva e suplementar) e, por fim, capacidade de autoadministração (administração própria para criar, manter

141 Nesse sentido, destacam Gilmar Ferreira Mendes, Inocêncio Mártires Coelho e Paulo Gustavo Gonet Branco: "aos Municípios reconhece-se o poder de auto-organização, o que significa reconhecer-lhes poder constituinte, expresso nas suas leis orgânicas, limitadas tanto por princípios da Constituição Federal como da Constituição estadual, nos termos do art. 29 da CF". (MENDES, Gilmar Ferreira; COELHO, Inocêncio Mártires; BRANCO, Paulo Gustavo Gonet. *Curso de direito constitucional*. São Paulo: Saraiva, 2009, p. 871).

e prestar os serviços de interesse local, além de legislar sobre seus tributos e aplicar suas rendas).

Nas referidas quatro capacidades encontram-se caracterizadas a autonomia política (auto-organização e autogoverno), a autonomia normativa (competência para elaboração de leis municipais sobre matérias que são reservadas à sua competência exclusiva e suplementar), a autonomia administrativa (administração própria e organização dos serviços de interesse local) e, por fim, a autonomia financeira (tributos próprios e aplicação de suas rendas).

Nos termos do art. 30 da Constituição da República compete aos Municípios, dentre outras, legislar sobre assuntos de interesse local; suplementar a legislação federal e a estadual; organizar e prestar, diretamente ou sob regime de concessão ou permissão, os serviços públicos de interesse local. Consequentemente, a competência material consistente na prestação de serviços públicos de saneamento é dos Municípios, aos quais competem organizar e prestar, diretamente ou sob regime de concessão ou permissão, os serviços públicos de predominante interesse local (art. 30, inciso V).

Portanto, na análise específica da titularidade dos serviços públicos de saneamento, verifica-se uma especial dificuldade na compreensão das competências comuns constitucionalmente atribuídas, uma vez que, em função delas, vislumbrou-se a possibilidade de determinados serviços públicos serem executados por qualquer um dos entes, independentemente da esfera federativa a que pertença.

Contudo, esses preceitos devem ser interpretados de forma sistemática, uma vez que embora uma dada atividade pública possa ser concretamente desempenhada pelas três esferas da federação, essa disposição não suprime a competência do ente que detiver o interesse predominante no resultado a ser alcançado.[142]

142 A esse propósito Eros Roberto Grau assinala: "a afirmação da existência de problemas de interesse municipal não implica em que seja ele considerado como

É de se reconhecer, assim, que a distinção – e, portanto, a definição de competência – não se resolve facilmente. De fato, não se pode ignorar que praticamente toda e qualquer função pública apresentará, em alguma medida, certo grau de *interesse local*, e dificilmente algum serviço local será indiferente aos interesses regionais, ou, mesmo, nacionais.[143]

Ou seja, aqui também é inegável que caberá à União as matérias de predominante interesse geral ou nacional, aos Estados as matérias de predominante interesse regional – e que não estejam elencadas dentre as competências da União ou dos Municípios – e aos Municípios os assuntos de interesse predominantemente local. A questão que se coloca é que, no que tange ao serviço público de saneamento, em regra ele será, predominantemente, de *interesse local*, o que não quer dizer que, casuisticamente, o mesmo serviço público possua algum interesse regional. De todo modo, isso jamais afastará a titularidade dos Municípios no tema do predominante *interesse local*.

Note-se que em determinados serviços ou atividades públicas isso resta ainda mais intricado em razão de sua natureza e do interesse público envolvido. Como esclarece Adilson de Abreu Dallari, em estudo sobre regiões metropolitanas e partindo da premissa de que "tudo que é urbano é de indiscutível competência municipal", mesmo diante da instituição de região metropolitana, permanece a competência municipal advinda do *interesse local*.[144]

---

exclusivo ou único do Município. Em realidade, tudo quanto seja interesse municipal se reflete, em última instância, como de interesse estadual ou federal. O que o distingue daqueles outros é predominantemente local". (GRAU, Eros Roberto. *Regiões metropolitanas*. São Paulo: José Buchatsky, 1974).

143 BARROSO, Luís Roberto. "Saneamento básico: competências constitucionais da União, Estados e Municípios". *Revista Eletrônica de Direito Administrativo Econômico (REDAE)*, Salvador, Instituto Brasileiro de Direito Público, nº 11, ago./out., 2007. Disponível em: http://www.direitodoestado.com.br/redae.asp. Acessado em: 03.01.2022.

144 DALLARI, Adilson Abreu. "O uso do solo metropolitano". *Revista de Direito Público*, vol. 14, 1970. De mesmo modo, em estudo sobre o tema das regiões

Outro aspecto fundamental acerca da distribuição de competências realizada pela Constituição da República diz respeito à alusão expressa que ela fez quando pretendeu que os serviços ou assuntos a serem desenvolvidos pelos Municípios o sejam, em determinadas situações, com a cooperação da União e dos Estados. Neste sentido, observa-se o disposto no art. 30, incisos VI e VII, da Constituição da República, que tratam, respectivamente, dos programas de educação infantil e de ensino fundamental e dos serviços de atendimento à saúde.

Ou seja, da sistemática delineada pela Constituição da República infere-se que a determinação expressa de cooperação da União e dos Estados para a execução de determinados serviços envolve exceção que não contempla os demais serviços, dentre eles o de saneamento.

Em outros termos, os serviços ligados à educação infantil, ensino médio e atendimento à saúde da população contarão com a cooperação técnica e financeira da União e dos Estados, por expressa determinação constitucional. Os demais serviços de competência municipal prescindem do auxílio de outros entes da federação, o que, no entanto, não obsta a atuação conjunta, que poderá ser realizada mediante ajuste, preservada sempre a titularidade municipal.

---

metropolitanas e seu regime constitucional, Pedro Estevam Alves Pinto Serrano destacou que: "consoante já exposto por diversas vezes anteriormente, é de competência do Município, como ente federal, titularizar as atividades e serviços de caráter predominante local. A distribuição de água é serviço concebido e natural a se realizar no interior da circunscrição geográfica do Município. O Município, para sua prestação, não carece como *conditio sine qua non* da participação de outros Municípios ou do Estado-membro para sua prestação". (SERRANO, Pedro Estevam Alves Pinto. *Região metropolitana e seu regime constitucional*. São Paulo: Verbatim, 2009, p. 219).

2.3 O papel integrador dos Estados na organização, planeamento e execução dos serviços públicos de saneamento em regiões metropolitanas, aglomerações urbanas e microrregiões e a preservação da competência material dos Municípios para a sua prestação

A competência material relativa à prestação de serviços públicos de saneamento, atribuída aos Municípios, deve, em regiões metropolitanas, aglomerados urbanos e microrregiões, ser compatíveis com a competência integradora do Estado, o que não implica em transferência de titularidade do serviço público de saneamento atribuída aos Municípios.

Entretanto, nesse equívoco incorreu a recente Lei n. 14.026/2020, alteradora da Lei n. 11.445/2007, que padeceu de inconstitucionalidade ao distinguir os serviços públicos de saneamento de interesse local daqueles de interesse comum. Conceituando os serviços públicos de saneamento de interesse local como as funções públicas e serviços cujas infraestruturas e instalações operacionais atendam a um único Município (art. 3º, inciso XV), a recente alteração legislativa incidiu em inconstitucionalidade ao conferir aos Estados a titularidade, compartilhada com os Municípios, pela prestação dos serviços públicos de saneamento em regiões metropolitanas, aglomerações urbanas e microrregiões (art. 8º, inciso II), serviços os quais são qualificados como de interesse comum.

Os serviços públicos de saneamento de interesse comum são conceituados pelo art. 3º, inciso XIV, como aqueles prestados em regiões metropolitanas, aglomerações urbanas e microrregiões instituídas por lei complementar estadual, em que se verifique o compartilhamento de instalações operacionais de infraestrutura de abastecimento de água ou de esgotamento sanitário entre dois ou mais Municípios. Por outro lado, de acordo com a previsão constante do art. 3º, inciso XV, são serviços públicos de saneamento de interesse local aqueles cujas funções públicas e serviços cujas infraestruturas e instalações operacionais atendam a um único Município.

A Constituição conferiu aos Estados o dever-poder de instituir regiões metropolitanas no seu art. 25, § 3º, segundo o qual os Estados poderão, mediante lei complementar, instituir regiões metropolitanas, aglomerações urbanas e microrregiões, constituídas por agrupamentos de Municípios limítrofes, para integrar a organização, o planejamento e a execução de funções públicas de interesse comum. Entretanto, a cooperação interfederativa viabilizadora do planejamento e da execução conjunta dos serviços intermunicipais, ainda que compulsória para os Municípios, não implica na transferência da titularidade dos seus serviços públicos.

A Constituição apenas conferiu aos Estados a possibilidade de criar regiões metropolitanas, ao passo que o campo de atribuição dos Municípios mantém-se preservado, salvo na exata medida demandada pela integração. Em outras palavras, ressalvadas as hipóteses excepcionais em que o Município, em razão de limitações instransponíveis, não pode prestar os serviços públicos de saneamento é que, e apenas nessa exata medida, o papel integrador do Estado assumirá maior relevância.

O Supremo Tribunal Federal (STF), em sede de controle concentrado de constitucionalidade,[145] concluiu que, em áreas conurbadas, o interesse comum entre os Municípios e o Estado justifica a compulsoriedade na constituição de regiões metropolitanas, razão pela qual ela não feriria a autonomia constitucional dos Municípios. De todo modo, também restou consignado que a constituição da região metropolitana não significa simples transferência de competências para o Estado, ao passo que serão as particularidades da região metropolitana, bem como a confluência de funções públicas e serviços, é que definirão a maior ou menor

---

145 Ação Direta de Inconstitucionalidade n. 1842/RJ, Relator Min. Luiz Fux, julgamento em 06.03.2013.

extensão da participação dos entes federados na região metropolitana, sem que, em qualquer hipótese, haja o predomínio absoluto de um ente sobre outro.

Pedro Estevam Alves Pinto Serrano, ao debruçar-se especificamente sobre a atividade de produção de água tratada, concluiu que, em caso de haver exploração de recursos hídricos estaduais, será uma "(...) atividade insuscetível de ser realizada por consórcios intermunicipais instituídos por leis locais, sem participação estadual (...)",[146] ao passo que, sendo passível de prestação singular pelos Municípios, descaberia afastar a titularidade dos Municípios mesmo no interior da região metropolitana. Já com relação à captação e tratamento de esgotos, conclui pela preservação da titularidade municipal mesmo no interior de regiões metropolitanas, o que não se altera mesmo diante do fato de o esgoto tratado destinar-se a mananciais estaduais, condição necessária incapaz de alterar o regime constitucional de competências dos entes federados.[147]

Apresentado referido cenário, a Lei n. 11.445/2007, na alteração promovida pela Lei n. 14.026/2020, equivoca-se presumir, de forma absoluta, que, em áreas conurbadas, deixa de existir qualquer interesse local. Assim considerando, reputamos inconstitucional o art. 8º, inciso II, da Lei n. 11.445/2007 ao prever que os Estados detêm, em conjunto com os Municípios e o Distrito Federal, a titularidade do serviço público de saneamento em áreas conurbadas. O papel integrador conferido aos Estados não implica, de modo algum, em titularidade compartilhada, senão que, à luz da autonomia constitucional conferida aos Municípios, o exercício da sua titularidade deve conformar-se, na exata extensão demandada por funções públicas e serviços comuns, com o planejamento estadual.

---

146 SERRANO, Pedro Estevam Alves Pinto. *Região metropolitana e seu regime constitucional*. São Paulo: Verbatim, 2009, p. 223.

147 SERRANO, Pedro Estevam Alves Pinto. *Região metropolitana e seu regime constitucional*. São Paulo: Verbatim, 2009, p. 232.

Consagrada na Constituição da República a repartição de competências segundo o interesse predominante do ente federativo – que não se modifica em razão da edição da lei complementar de que trata o mencionado § 3º do art. 25 da Constituição da República – por certo que a instituição de região metropolitana não significa uma transferência da titularidade municipal para a esfera estadual, ou seja, possível transferência do "interesse local" para um suposto interesse maior denominado regional. Nesse sentido observa Benedicto Porto Neto:

> A competência para prover serviços de saneamento é sempre municipal (art. 30, V, da CF). Não há possibilidade, nos termos da Constituição Federal, de se remeter essa competência aos Estados, salvo em regime de cooperação (art. 23, X, da CF), que possuem, nessa matéria, somente competências de regulação (art. 24, V, VI e §2º e art. 25, §3º, da CF, em caráter suplementar às competências regulatórias federais.
>
> O fato de o Município integrar região metropolitana, aglomeração urbana, microrregião ou região integrada de desenvolvimento não altera sua competência em relação à execução dos serviços de saneamento, que, apesar disso, passa a se subordinar à regulação e ao planejamento regional (suplementares ao realizado nacionalmente pela União) e às normas de organização compartilhada do serviço, nos termos em que forem definidas pela respectiva lei complementar instituidora da entidade regional.[148]

No mesmo sentido, também vale destacar o entendimento consignado por Dalmo de Abreu Dallari:

---

148 PORTO NETO, Benedicto. "Parecer elaborado a pedido do Ministério das Cidades". *Saneamento para Todos, Projeto de Lei n. 5296/2005*: Diretrizes para os serviços públicos de saneamento básico e política Nacional – PNS, 2005, pp. 69-94.

> São ainda oportunas (...) algumas considerações sobre integração de Municípios em regiões metropolitanas, aglomerações urbanas e microrregiões. Diz a Constituição, no artigo 25, §3°, que os Estados poderão, mediante lei complementar, instituir entidades como essas, pelo agrupamento de Municípios limítrofes, "para integrar a organização, o planejamento e a execução das funções públicas de interesse comum". Os Estados, nesse caso, colaboram com sua experiência e seu aparato técnico para a melhor ordenação da execução das tarefas, mas cada Município continua integralmente autônomo e plenamente responsável pelos encargos de sua competência. Não se altera, de forma alguma e em qualquer medida, o "tripé federativo".[149]

O agrupamento e a conurbação de Municípios, é insuficiente para a caracterização de uma região metropolitana, sendo indispensável que essa tenha sido instituída por lei complementar. Enquanto não criada por lei complementar estadual, a região metropolitana só existe como fenômeno urbano no mundo do ser.

É por isso que, a nosso ver, o fator determinante para sua existência no plano jurídico é a elaboração e a promulgação de lei complementar, como forma única de instituição da região metropolitana, visto que, caso não exista a mencionada lei, a simples existência de conurbação e a manifestação do Estado como aquiescente da necessidade de reunião de determinados Municípios para um melhor desenvolvimento não bastam.

Além disso, é importante esclarecer que não se pode confundir a competência do ente estatal para a criação de região metropolitana com as competências constitucionais de cada Município que a compõe. Ao Estado compete tão somente a criação da região

149 DALLARI, Dalmo de Abreu. "Parecer elaborado a pedido do Ministério das Cidades". *Saneamento para Todos, Projeto de Lei n. 5296/2005*: Diretrizes para os serviços públicos de saneamento básico e política Nacional – PNS, 2005, pp. 95-114.

metropolitana, não se estendendo essa competência àquelas que são próprias de cada Município. A instituição da região metropolitana visa apenas integrar a organização, o planejamento e a execução de funções públicas de interesse comum.

Nesses termos é que há uma manutenção absoluta da competência municipal autônoma, cuja interferência do Estado-membro no polo de administração das áreas conurbadas não afasta a autonomia conferida ao Município pela Constituição da República. Isto é, continua preservada a competência legislativa do Município. A autonomia municipal[150] é assegurada pelos art. 18, *caput*, e art. 29, *caput*, bem como garantida perante os Estados por meio do art. 34, VII, alínea "c", da Constituição da República:

> Art. 18. A organização político-administrativa da República Federativa do Brasil compreende a União, os Estados, o Distrito Federal e os Municípios, todos autônomos, nos termos desta Constituição.
>
> Art. 29. O Município reger-se-á por lei orgânica (...).
>
> Art. 34, inciso VII, alínea "c". A União não intervirá nos Estados nem no Distrito Federal, exceto para assegurar a observância dos seguintes princípios constitucionais: (...) autonomia municipal.

---

150 Para Luiz Alberto David Araújo e Vidal Serrano Nunes Júnior a autonomia do Município é um princípio constitucional sensível: "demais, a autonomia municipal é tema prestigiado pelo constituinte federal, que a colocou entre os princípios sensíveis, de necessária obediência pelo constituinte decorrente (art. 43, VII, c), e cuja inobservância implica a decretação da intervenção federal no respectivo Estado-membro. Assim, afigura-se-nos indisputável a natureza federativa dos Municípios dentro dos parâmetros da Carta de 1988". (ARAUJO, Luiz Alberto David; NUNES JÚNIOR, Vidal Serrano. *Curso de direito constitucional*. São Paulo: Saraiva, 2005, p. 283).

A autonomia municipal assenta-se em quatro capacidades: capacidade de auto-organização[151] (elaboração de lei orgânica própria), capacidade de autogoverno (eletividade do Prefeito e dos Vereadores), capacidade normativa própria (autolegislação, mediante a competência para elaboração de leis municipais sobre matérias que são reservadas à sua competência exclusiva e suplementar) e, por fim, capacidade de autoadministração (administração própria para criar, manter e prestar os serviços de interesse local, além de legislar sobre seus tributos e aplicar suas rendas).[152]

Nos termos do art. 30 da Constituição da República compete aos Municípios legislar sobre assuntos de interesse local e, dentre outras atribuições, suplementar a legislação federal e a estadual. Diante da capacidade de auto-organização do Município, a *Lei Orgânica* indica as matérias de competência exclusiva do Município, observadas as peculiaridades locais, as matérias que lhe seja reservado legislar supletivamente e, por fim, as matérias de competência comum que a Constituição da República lhe reserva juntamente com a União, os Estados e o Distrito Federal (art. 23 da Constituição da República).

Tendo-se em conta o princípio da igualdade entre os entes federados, valor maior do princípio federativo, não se pode entender que a Constituição da República conferiu ao Estado-membro

---

151 Nesse sentido, destacam Gilmar Ferreira Mendes, Inocêncio Mártires Coelho e Paulo Gustavo Gonet Branco: "aos Municípios reconhece-se o poder de auto-organização, o que significa reconhecer-lhes poder constituinte, expresso nas suas leis orgânicas, limitadas tanto por princípios da Constituição Federal como da Constituição estadual, nos termos do art. 29 da CF". (MENDES, Gilmar Ferreira; COELHO, Inocêncio Mártires; BRANCO, Paulo Gustavo Gonet. *Curso de direito constitucional.* São Paulo: Saraiva, 2009, p. 871).

152 Nas referidas quatro capacidades encontram-se caracterizadas a autonomia política (auto-organização e autogoverno), a autonomia normativa (competência para elaboração de leis municipais sobre matérias que são reservadas à sua competência exclusiva e suplementar), a autonomia administrativa (administração própria e organização dos serviços de interesse local) e, por fim, a autonomia financeira.

competência para subtrair parcela da competência municipal por ato de sua competência legislativa discricionária (a lei complementar que cria a região metropolitana). Nesses termos, não detém o Estado-membro direito subjetivo de reduzir o alcance da competência municipal no interior da região metropolitana.

Como antecipado, a Constituição da República apenas conferiu ao Estado-membro a possibilidade de criar tais regiões. Em momento algum, concedeu-se às regiões metropolitanas a condição de ente federativo. Por ser uma entidade apenas administrativa, sem personalidade política, a região metropolitana em nada deve interditar a competência do Município enquanto ente federado. Esta região significa apenas um campo de atuação de competência estadual determinada pela Constituição da República, não se configurando com ente político capaz de titularizar competências diferenciadas e, com muito menos razão, com a prerrogativa de suprimir competências constitucionalmente estabelecidas.

Nesses termos, a capacidade normativa própria do Município, isto é, a autolegislação mediante a competência para elaboração de leis municipais sobre matérias que são reservadas à sua competência exclusiva e suplementar, continua preservada mesmo após a instituição da região metropolitana.

De forma alguma cabe ao legislador estadual formular dispositivos ou diplomas relativos à região metropolitana que impliquem na usurpação das competências municipais, de modo a restringir ou subtrair a autonomia dos Municípios. A atuação da região metropolitana, conforme lei estadual complementar instituidora, não poderá implicar invasão da competência de um Município por outro nem intromissão indevida do Estado-membro na esfera de competência dos Municípios conurbados integrantes da região, pois estes devem ter sua autonomia respeitada.

A definição constitucional de região metropolitana contempla a união de Municípios para fins de integração, organização, planejamento e execução de funções públicas de interesse comum. Noutro giro, de acordo com o art. 30 da Constituição da República, os Municípios detêm competências exclusivas. Por conseguinte, independe essa exclusividade de eventual repercussão em assuntos estaduais ou regionais, visto que, se a questão é de interesse e necessidade predominante de determinado Município, sua titularidade mantém-se.

Note-se que a definição de *interesse local* ou regional não possui densidade semântica capaz de gerar identificação taxativa do elenco de atividades públicas inseridas nesta ou naquela categoria, sem consideração individuada. A caracterização de determinada atividade em determinado local e em determinado momento histórico como sendo de interesse regional ou local para fim de discriminar qual ente federado é o competente para sobre ela legislar é ato cognoscente do disposto na norma constitucional em sua aplicação à situação fática, e não juízo de valor apto a ensejar a criação normativa autônoma.

Assim, no caso da instituição de região metropolitana por lei complementar, havendo interesse comum deve-se, no caso concreto, avaliar se um determinado Município consegue individualmente atuar de forma plena sobre a demanda pública específica, sem a necessidade de interferência dos demais Municípios ou do Estado. Se assim o fizer, o interesse será local e, portanto, de atuação exclusiva do Município afetado.

Por estas razões, no interior da região metropolitana o Estado-membro não pode "avocar" ou ingerir-se no âmbito da competência municipal por conta de suposto interesse regional[153] sob o fundamento de que, por conta do fenômeno urbanístico da

153 Neste sentido pontua Caio Tácito: "(...) a própria Constituição prevê limites ao exercício da autonomia municipal não somente na excepcionalidade traumática da intervenção federal ou estadual, em situações excepcionais, como na capacidade avocatória conferida aos Estados para, mediante lei complementar, instituir Regiões Metropolitanas, agrupando Municípios limítrofes para a integração de funções públicas de interesse comum". (TÁCITO,

conurbação, o conceito normativo de autonomia municipal sofreria alteração de sentido a pretexto de uma integração regional.

Inexiste qualquer referência na Constituição da República quanto a esta suposta prerrogativa de o Estadomembro "avocar" parte ou o todo das competências municipais, através da instituição de região metropolitana. Referência explícita ou mesmo implícita não há em qualquer lugar do texto constitucional. Disposição implícita, entendemos também que não. Se desejasse o constituinte estabelecer exceção tão intensa ao pacto federativo ordinário estabelecido, o faria por regra expressa. Exceções desta envergadura não podem ser tidas como implícitas em favor da própria higidez da força normativa da Constituição da República.

Com efeito, o Município integrante de área conurbada não é menos autônomo que o Município localizado fora dela. No plano do tratamento isonômico entre os entes federados, não há qualquer sentido jurídico, a nosso ver, em se afirmar que a Constituição autorizou o Estado-membro a determinar os limites da autonomia dos Municípios integrantes da região metropolitana por suas próprias normas.

Portanto, discordamos da formulação interpretativa no sentido da possibilidade do Estado-membro, no âmbito das regiões metropolitanas, por conta do fenômeno da conurbação e da necessidade da prestação de serviços comuns, poder, por meio da instituição da região metropolitana, restringir ou interditar o âmbito de competências inerentes à autonomia municipal. Isso viria a significar que poderia um ente político vir a ampliar as competências a ele atribuídos pela Constituição da República, concepção esta que não é aderente ao nosso pacto federativo.

Caio. "Serviços de saneamento básico". *Revista de Direito Administrativo*, nº 213, 1998, p. 324).

A existência da região metropolitana não deve implicar, pois, intervenção estadual na esfera de competências municipais determinada pelo poder constituinte, mesmo o Município integrando uma região metropolitana.

A autonomia municipal, com a criação de uma região metropolitana, deve continuar sendo respeitada, visto que os serviços de interesse comum dizem respeito àqueles não peculiares ao Município. Ou seja, deve-se manter a competência dos Municípios quanto aos assuntos de interesse predominantemente locais e criação de atos conjuntos do Estado e Municípios para a prestação dos serviços relativos ao interesse regional, de competência estadual, que com a criação da região desconcentra sua competência para exercê-la com a colaboração dos Municípios.

2.4 Regime jurídico das águas e saneamento

A Constituição, no seu art. 20, inciso III, estabeleceu serem bens da União os lagos, rios e quaisquer correntes de água em terrenos de seu domínio, ou que banhem mais de um Estado, sirvam de limites com outros países, ou se estendam a território estrangeiro ou dele provenham, bem como os terrenos marginais e as praias fluviais. Por outro lado, são bens dos Estados as águas superficiais ou subterrâneas, fluentes, emergentes, consoante art. 26, inciso I, da Constituição. Ademais, é competência privativa da União legislar sobre águas, consoante art. 22, inciso IV, da Constituição.

A Lei n. 11.445/2007, no seu art. 4º, *caput* e parágrafo único, previu que os recursos hídricos não integram os serviços públicos de saneamento, estando a sua utilização, inclusive para fins de disposição ou diluição de esgotos e outros resíduos líquidos, sujeita à outorga de direito de uso, nos termos da Lei n. 9.433/1997 e demais espécies normativas correlatas.

Ainda que os recursos hídricos não estejam compreendidos nos serviços públicos de saneamento, é impossível a prestação de um sem o outro. Além do mais, tendo em vista serem distintas a propriedade das águas – conferida aos Estados e à União – e a titularidade da prestação dos serviços públicos de saneamento, bem como a necessidade de outorga de direito de uso de recursos hídricos, é importante que compreendamos as necessárias interfaces.

A Lei n. 9.433/1997, que instituiu a Política Nacional de Recursos Hídricos, criou o Sistema Nacional de Gerenciamento de Recursos Hídricos e regulamentou o inciso XIX do art. 21 da Constituição. Referida espécie normativa previu, no seu art. 31, que na implementação da Política Nacional de Recursos Hídricos, os Poderes Executivos do Distrito Federal e dos Municípios promoverão a integração das políticas locais de saneamento, de uso, ocupação e conservação do solo e de meio ambiente com as políticas federal e estaduais de recursos hídricos.

Independentemente da inquestionável constatação de que os recursos hídricos não integram os serviços públicos de saneamento, é dogmaticamente inadequado apartar, em absoluto, o saneamento dos recursos hídricos, especialmente tendo em vista as distintas competências constitucionais.

A Lei n. 11.445/2007, que estabelece, na redação recentemente conferida pela Lei n. 14.026/2020, as diretrizes nacionais para o saneamento, previu que os serviços públicos de saneamento serão prestados com base, dentre outros, no princípio fundamental do abastecimento de água (art. 2°, inciso III); disponibilidade, nas áreas urbanas, de serviços de drenagem e manejo das águas pluviais, tratamento, limpeza e fiscalização preventiva das redes, adequados à saúde pública, à proteção do meio ambiente e à segurança da vida e do patrimônio público e privado (art. 2°, inciso IV); articulação com as políticas de desenvolvimento urbano e regional de recursos hídricos, destinadas à melhoria da qualidade de vida, para as quais o saneamento seja fator determinante (art. 2°, inciso VI); integração das infraestruturas e dos serviços com a gestão eficiente dos recursos hídricos (art. 2°, inciso XII); redução e controle das perdas de água, inclusive na distribuição de água tratada, estímulo à racionalização de seu consumo pelos usuários e fomento à eficiência energética, ao reúso de efluentes sanitários e ao aproveitamento de águas de chuva (art. 2º, inciso XIII); e, por fim, prestação concomitante dos serviços de abastecimento de água e de esgotamento sanitário (art. 2º, inciso XVI).

A mesma espécie normativa, ao fornecer o conceito legal de saneamento no seu art. 3º, inciso I, qualificou-o como o conjunto de serviços públicos, infraestruturas e instalações operacionais de abastecimento de água potável, esgotamento sanitário, limpeza urbana e manejo de resíduos sólidos e, por fim, drenagem e manejo das águas pluviais urbanas.

Especificamente com relação ao abastecimento de água potável, também conforme a previsão legal, ele é constituído pelas atividades e pela disponibilização e manutenção de infraestruturas e instalações operacionais necessárias ao abastecimento público de água potável, desde a captação até as ligações prediais e seus instrumentos de medição (art. 3º, inciso I, alínea "a").

A lei também especifica as atividades relativas aos serviços públicos de abastecimento de água a sua distribuição mediante ligação predial, incluídos eventuais instrumentos de medição, bem como, quando vinculadas a essa finalidade, reservação, captação, adução e tratamento de água bruta (art. 3º- A, incisos I, II, III e IV); e, ainda, adução e reservação de água tratada (art. 3º- A, incisos V e VI).

O art. 10-A, § 1º, da Lei n. 11.445/2007, na redação recentemente conferida pela Lei n. 14.026/2020, previu que as outorgas de recursos hídricos atualmente detidas pelas empresas estaduais poderão ser segregadas ou transferidas da operação a ser concedida, permitida a continuidade da prestação do serviço público de produção de água pela empresa detentora da outorga de recursos hídricos e a assinatura de contrato de longo prazo entre esta empresa produtora de água e a empresa operadora da distribuição de água para o usuário final, com objeto de compra e venda de água.

Também reconhecendo a relação entre recursos hídricos e saneamento, a recente alteração conferida pela Lei n. 14.026/2020 à Lei n. 9.984/2000 previu competir à Agência Nacional de Águas e Saneamento Básico (ANA), contribuir com a articulação entre o Plano Nacional de Saneamento Básico, o Plano Nacional de Resíduos Sólidos e o Plano Nacional de Recursos Hídricos. Do mesmo modo, a alteração legislativa, ao fixar as matérias a serem passíveis de regulação pelas chamadas "normas de referência", previu, dentre outros, mecanismos que assegurem a prestação concomitante dos serviços de abastecimento de água e de esgotamento sanitário (art. 4º-A, § 3º, inciso VIII, da Lei n. 9.984/2000).

2.5 Serviços públicos: uma noção dogmática

A professora Dinorá Adelaide Musetti Grotti, reconhecendo a dificuldade na caracterização de uma atividade como serviço público, pontua que a qualificação da atividade econômica como serviço público remete ao plano da concepção sobre o Estado e seu papel, tratando-se de uma escolha política que pode estar fixada na Constituição, na lei, na jurisprudência e nos costumes vigentes em um determinado momento histórico, não havendo um serviço público por natureza ou por essência.[154]

Eros Roberto Grau pontua que "serviço público não é um conceito, mas uma noção, plena de historicidade".[155] Sendo o conceito atemporal, desprovido de essência, histórico, devemos recorrer

154 GROTTI, Dinorá Adelaide Musetti. *O serviço público e a Constituição brasileira de 1988*. São Paulo: Malheiros, 2003, p. 87.

155 GRAU, Eros Roberto. *A ordem econômica na Constituição de 1988*. São Paulo: Malheiros, 2010, p. 109.

à noção, a qual, "pelo contrário, pode definir-se como o esforço sintético para produzir uma ideia que se desenvolve a si mesma por contradições e superações sucessivas e que é, pois, homogênea ao desenvolvimento das coisas".[156] Assim considerando, o autor oferece uma noção de serviço público baseada na essencialidade e na instrumentalidade da atividade econômica desempenhada:

> (...) a atividade explícita ou supostamente definida pela Constituição como indispensável, em determinado momento histórico, à realização ao desenvolvimento da coesão e da interdependência social (Duguit) – ou, em outros termos, atividade explícita ou supostamente definida pela Constituição como serviço essencial relativamente à sociedade em um determinado momento histórico (Cirne Lima).[157]

Celso Antônio Bandeira de Mello fornece uma noção de serviço público mais restrita, mas que não foge da instrumentalidade referida:

> (...) é toda atividade de oferecimento de utilidade ou comodidade material destinada à satisfação da coletividade em geral, mas fruível singularmente pelos administrados, que o Estado assume como pertinente a seus deveres e presta por si mesmo ou por quem lhe faça as vezes, sob um regime de Direito Público, instituído em favor dos interesses definidos como públicos no sistema normativo.[158]

---

156 GRAU, Eros Roberto. *A ordem econômica na Constituição de 1988*. São Paulo: Malheiros, 2010, p. 133.

157 GRAU, Eros Roberto. *A ordem econômica na Constituição de 1988*. São Paulo: Malheiros, 2010, p. 109.

158 BANDEIRA DE MELLO, Celso Antônio. *Curso de direito administrativo*. São Paulo: Malheiros, 2009, p. 665.

São, para o autor, dois elementos para a configuração de uma atividade como sendo serviço público, quais sejam o regime jurídico de Direito público e o critério material, qual seja, a relevância da atividade, ainda que, na conceituação, refira-se ao vínculo orgânico ou *publicatio*.

O substrato material está no oferecimento, aos administrados em geral, de utilidades ou comodidades materiais singularmente fruíveis por eles, as quais o Estado assume como próprias, por serem reputadas imprescindíveis, necessárias ou apenas correspondentes às conveniências básicas da sociedade em dado tempo histórico.[159] Assim considerando, na referida concepção o serviço público está excluído da esfera da iniciativa privada, salvo as exceções dos serviços públicos de educação, saúde, previdência social e assistência social, os quais pertencem à esfera da livre iniciativa, ainda que estranhas ao campo da exploração da atividade econômica *stricto sensu*.

O substrato formal da noção do serviço público está na submissão a um regime de Direito público, o regime jurídico-administrativo[160] e, portanto, sujeito aos seus princípios norteadores. De todo modo, há quem considere ser possível a prestação de serviço público em regime de Direito privado. Carlos Ari Sundfeld pontua que tanto atividades prestadas sob regime de Direito público, quanto as atividades prestadas sob regime de Direito privado, podem ser consideradas serviços públicos, já que o regime jurídico não seria essencial na configuração de uma atividade como serviço público. Assim, cada atividade econômica *lato sensu* apresentaria suas particularidades regulatórias, cujas especificidades, insculpidas

---

159 BANDEIRA DE MELLO, Celso Antônio. *Curso de direito administrativo*. São Paulo: Malheiros, 2009, p. 668.

160 BANDEIRA DE MELLO, Celso Antônio. *Curso de direito administrativo*. São Paulo: Malheiros, 2009, p. 669.

infraconstitucionalmente, poderiam prever a prestação de serviço público em regime de Direito privado.[161]

Almiro do Couto e Silva,[162] aproximando-se, em certa medida, de Carlos Ari Sundfeld, assinala a relação entre o Estado e seus delegatários é regulada pelo "Direito privado administrativo", ou seja, o Direito Administrativo com inflexões do Direito privado, ou ainda, "o Direito privado coberto e vinculado jurídico-publicamente que está à disposição da administração no cumprimento de tarefas administrativas".[163] Na referida concepção, o regime jurídico é irrelevante na caracterização de determinada atividade econômica como serviço público, razão pela qual seria um regime jurídico setorial, conciliador do interesse público e do interesse privado que, no plano infraconstitucional, definiria, pela regulação, os contornos da noção de serviço público mais adequada às especificidades setoriais.

2.6 Os serviços públicos por determinação constitucional

A Constituição da República, em determinadas hipóteses, eleva determinadas atividades econômicas *lato sensu* em serviço público. Quando assim não o faz, a identificação desta ou daquela parcela de atividade econômica *lato sensu* em serviço público ou atividade econômicas *stricto sensu* caberá ao intérprete.[164] Eros

---

161 SUNDFELD, Carlos Ari. "Serviços públicos e regulação estatal: introdução às agências reguladoras". *In*: ______. (Coord.). *Direito administrativo econômico*. São Paulo: Malheiros, 2006, pp. 33/34.

162 SILVA, Almiro do Couto e. "Privatização no Brasil e o novo exercício de funções públicas por particulares. Serviço público 'à brasileira'?" *Revista de direito administrativo*, Rio de Janeiro, vol. 230, out./dez. 2002, p. 73.

163 MAURER, Hartmut. *Direito administrativo geral*. Barueri: Manole, 2006, p. 47.

164 MAURER, Hartmut. *Direito administrativo geral*. Barueri: Manole, 2006, p. 122.

Roberto Grau faz uma distinção entre os serviços públicos privativos e os serviços públicos não privativos do Estado.[165]

Os serviços públicos privativos são aqueles cuja prestação é exclusiva do Estado, mesmo que admitida a exploração pela iniciativa privada em regime de concessão, permissão ou autorização. São, para Eros Roberto Grau, serviços públicos privativos, de titularidade da União, os referidos nos incisos X, XI e XII, do art. 21; no § 2º do art. 25; e, por fim, no inciso V do art. 30, todos da Constituição da República. Os serviços públicos não privativos ao Estado, ao contrário, podem ser prestados pela iniciativa privada independentemente de concessão, permissão ou autorização.

Penitenciando-se do posicionamento até então adotado, Eros Roberto Grau pontua que, diante dos serviços públicos não privativos, não se pode afirmar que tenham por substrato atividade econômica *stricto sensu*, a qual pode ser desenvolvida tanto quanto serviço público pelo Estado como atividade econômica *stricto sensu* pela iniciativa privada.[166] O autor reconsiderou o seu posicionamento por entender que, erroneamente, partia da equivocada premissa segundo a qual a mesma atividade econômica *stricto sensu* perderia esta natureza quando prestada pelo Estado, passando a ser serviço público.[167]

Com efeito, e conforme o autor, a definição, pela Constituição da República, de determinada atividade econômica *lato sensu* como serviço público afasta qualquer questionamento no sentido de entendê-la como atividade econômica *stricto sensu*. Entretanto,

---

165 GRAU, Eros Roberto. *A ordem econômica na Constituição de 1988*. São Paulo: Malheiros, 2010, pp. 122/123.

166 GRAU, Eros Roberto. *A ordem econômica na Constituição de 1988*. São Paulo: Malheiros, 2010, pp. 122/123.

167 GRAU, Eros Roberto. *A ordem econômica na Constituição de 1988*. São Paulo: Malheiros, 2010, p. 123.

o autor destaca que esta tese não é rigorosamente correta.[168] Com efeito, salienta não bastar uma interpretação literal da Constituição da República para a exata identificação das atividades econômicas *lato sensu* como serviço público.[169]

A "Constituição encerra todos os elementos e critérios que permitem a identificação de quais atividades empreendidas pelo Estado consubstanciam serviço público".[170] A Constituição da República permite a identificação dos serviços públicos "através das diretrizes, programas e fins que enuncia".[171] Além do mais,

> (...) a preservação dos vínculos sociais e a promoção da coesão social pelo Estado assumem enorme relevância no Brasil, a ele incumbindo a responsabilidade pela provisão, à sociedade, como serviço público, de todas as parcelas da atividade econômica em sentido amplo que sejam tidas como indispensáveis à realização e ao desenvolvimento da coesão e da interdependência social.

Assim, não se pode afirmar, isoladamente, que a Constituição da República eleva parcial âmbito da atividade econômica *lato sensu* à categoria de serviço público, posto que poderão configurar-se em atividade econômica *stricto sensu*.

A demarcação do que seja serviço público formula-se em sede da Constituição da República, a qual, suposta ou expressamente,

---

168 GRAU, Eros Roberto. *A ordem econômica na Constituição de 1988*. São Paulo: Malheiros, 2010, p. 123.

169 GRAU, Eros Roberto. *A ordem econômica na Constituição de 1988*. São Paulo: Malheiros, 2010, p. 124.

170 GRAU, Eros Roberto. *A ordem econômica na Constituição de 1988*. São Paulo: Malheiros, 2010, p. 124.

171 GRAU, Eros Roberto. *A ordem econômica na Constituição de 1988*. São Paulo: Malheiros, 2010, p. 131.

fixa seus contornos. Apenas dentro desta moldura é que o legislador ordinário poderá definir o que seja serviço público. Além do mais,

> (...) a alusão a atividades econômicas que não podem ser serviço público (atividade econômica em sentido estrito) evidencia a impossibilidade de o legislador, discricionariamente, qualificar qualquer parcela da atividade econômica em sentido amplo como serviço público.[172]

De acordo com Celso Antônio Bandeira de Mello, a Constituição da República indica, em enumeração não exaustiva, determinadas atividades que devem ser, obrigatoriamente, serviços públicos.[173]

Em âmbito federal, são serviços públicos propostos exclusivamente os do art. 21, incisos X e XI; art. 21, inciso XII, alíneas "a" a "f"; art. 194; art. 196; art. 203; art. 205 e, por fim, do art. 208, todos da Constituição da República. Em âmbito estadual são serviços públicos aqueles atrelados à sua competência remanescente, nos termos do § 1º e 2º do art. 25 da Constituição da República. Em âmbito municipal são serviços públicos aqueles atrelados à sua competência residual, nos termos do art. 30 da Constituição da República.

Destaque-se que há, no art. 23 da Constituição da República, competência concorrente entre os entes federados para prestação de serviços públicos. Há, ainda, no art. 24 competência concorrente, com exceção dos Municípios, para prestação de serviços públicos.

Como adiante será esmiuçado, a enumeração dos serviços que a Constituição da República considera públicos não é exaustiva. Além do mais, não são todos os serviços qualificados como públicos que estão excluídos da esfera de atuação da iniciativa privada, cuja

---

172 GRAU, Eros Roberto. *A ordem econômica na Constituição de 1988*. São Paulo: Malheiros, 2010, p. 135.

173 BANDEIRA DE MELLO, Celso Antônio. *Curso de direito administrativo*. São Paulo: Malheiros, 2009, pp. 789 e 680.

compreensão está a depender dos limites constitucionais à caracterização da atividade econômica *stricto sensu* como serviço público.

Celso Antônio Bandeira de Mello pontua que, respeitados os limites constitucionais, o legislador ordinário poderá qualificar atividades econômicas *stricto sensu* como serviço público. Atendidas as normas relativas à ordem econômica, em especial as garantidoras da livre iniciativa, o Estado poderá, excepcionalmente, atuar nesta órbita.[174]

A Constituição da República, sem definir o que sejam atividades econômicas *stricto sensu*, reservou ao legislador ordinário a competência para qualificar determinadas atividades como serviços públicos e, consequentemente, o campo de abrangência das atividades econômicas *stricto sensu*,[175] o qual se sujeita ao caráter residual.

Celso Antônio Bandeira de Mello pontua que há duas espécies de serviços públicos que só podem ser prestados pelo Estado, não podendo ser delegados. São eles o serviço postal e o correio aéreo nacional, conforme inciso X do art. 21 da Constituição da República,[176] os quais são, portanto, serviços públicos de prestação obrigatória e exclusiva pelo Estado.

Determinados serviços públicos são de prestação obrigatória pelo Estado, o qual deve, igualmente, oferecer em concessão, permissão e/ou autorização. São os serviços de radiodifusão sonora e de sons e imagens, de acordo com a alínea "a" do inciso XII do art. 21[177] da Constituição da República.

---

174 BANDEIRA DE MELLO, Celso Antônio. *Curso de direito administrativo*. São Paulo: Malheiros, 2009, pp. 789 e 686.

175 BANDEIRA DE MELLO, Celso Antônio. *Curso de direito administrativo*. São Paulo: Malheiros, 2009, pp. 789 e 686.

176 O art. 21, inciso X, da Constituição da República assinala que "compete à União (...) manter o serviço postal e o correio aéreo nacional".

177 O art. 21, inciso XII, alínea "a", da Constituição da República destaca que "compete à União (...) explorar, diretamente ou mediante autorização,

O art. 223, *caput*,[178] da Constituição da República impôs ao Estado que ele preste e, cumulativamente, delegue, obrigatoriamente, os referidos serviços quando pontuou competir ao Executivo outorgar e renovar concessão, permissão e autorização para o serviço de radiodifusão sonora e de sons e imagens, observado o princípio da complementaridade dos sistemas privado, público e estatal.

São serviços públicos que o Estado não pode permitir que sejam prestados exclusivamente por particulares os de educação, saúde, previdência social, assistência social e radiodifusão sonora e de sons e imagens. São, portanto, serviços públicos de prestação obrigatória e sem exclusividade pelo Estado.

Todos os demais serviços públicos referidos na Constituição da República tanto podem ser prestados pelo Estado, como serem concedidos ou permitidos. Entretanto, são serviços de prestação não obrigatória pelo Estado, desde que concedidos. Os referidos serviços estão constantes, em especial, nos incisos XI e XII do art. 21 da Constituição.

2.7 Prestações regionalizadas

A prestação regionalizada de saneamento é conceituada pelo art. 3º, inciso VI, da Lei n. 11.445/2020, na redação conferida pela Lei n. 14.026/2020, como a modalidade de prestação integrada de um ou mais componentes dos serviços públicos em determinada região cujo território abranja mais de um Município.

---

concessão ou permissão (...) os serviços de radiodifusão sonora, e de sons e imagens".

178 O art. 223, *caput*, da Constituição da República pontua que "compete ao Poder Executivo outorgar e renovar concessão, permissão e autorização para o serviço de radiodifusão sonora e de sons e imagens, observado o princípio da complementaridade dos sistemas privado, público e estatal".

A prestação regionalizada pode ser estruturada em três modos: região metropolitana; unidade regional de saneamento, instituída pelos Estados mediante lei ordinária, constituída pelo agrupamento de Municípios não necessariamente limítrofes, para atender adequadamente às exigências de higiene e saúde pública, ou para conferir viabilidade econômica e técnica aos Municípios menos favorecido; e, por fim, bloco de referência, conceituado como o agrupamento de Municípios não necessariamente limítrofes, estabelecido pela União, de forma subsidiária aos Estados, e formalmente criado por meio de gestão associada – e, portanto, voluntária – dos Municípios.

O serviço regionalizado de saneamento poderá obedecer a plano regional elaborado para o conjunto de Municípios atendidos (art. 17, *caput*), o que dispensa a elaboração de plano municipal (art. 17, § 3º). As disposições constantes do plano regional de saneamento prevalecerão sobre aquelas constantes dos planos municipais eventualmente existentes no que forem contrárias (art. 17, § 2º).

Atenta às competências constitucionais dos entes federados, bem como a competência material dos Municípios para a prestação do serviço público de saneamento, o art. 8º- A da Lei n. 11.445/2020 prevê ser facultativa a adesão dos titulares dos serviços públicos de saneamento de interesse local às estruturas das formas de prestação regionalizada.

As prestações regionalizadas destinam-se à criação de ganhos de eficiência por escala. Consequentemente, tendem a permitir a viabilidade técnica e econômico-financeira dos projetos de saneamento e, assim, contribuir para a sua universalização.

Entretanto, dadas as características geográficas dos Municípios brasileiros, ressalvadas as prestações regionalizadas viabilizadas através de áreas conurbadas, a dispersão territorial impede que ganhos de eficiência sejam efetivamente alcançados através de unidades regionais ou de blocos de referência. Nem mesmo as pretensões centralizadoras da União, isso através das chamadas normas de "referência nacionais" e das constrições à sua obediência através do financiamento federal são capazes de reverter a lógica imposta pela dispersão geográfica dos Municípios brasileiros.

2.8 Inconstitucionalidade dos resquícios do PLANASA na Lei n. 14.026/2020

A Lei n. 14.026/2020, ao promover uma série de alterações nas diversas leis que regulamentam o serviço público de saneamento, a despeito de estimular, a prestação, pela iniciativa privada, do serviço público de saneamento, inclusive gerando obstáculos à prestação direta descentralizada do mesmo serviço, procurou preservar um modelo marcado por forte federalização e estadualização.

A gestão do serviço público de saneamento pela *ditadura militar* brasileira foi informada, em especial, pelo Plano Nacional de Saneamento Básico – PLANASA, nos termos especialmente regulamentados pelo Decreto-Lei n. 949/1969, pela Lei n. 6.528/1978 e pelo Decreto n. 82.587/1978.

O Decreto-Lei n. 949/1969 autorizou o então Banco Nacional da Habitação (BNH) – e, ainda, entidades públicas ou privadas a ele associadas, a aplicar recursos próprios e do Fundo de Garantia de Tempo de Serviço (FGTS), por meio de empréstimos diretos ou indiretos de estímulo, nas operações de financiamento do serviço público de saneamento (art. 1º). Referida espécie normativa conferiu preferência às regiões compreendidas nos Estados e Municípios que tivessem constituído, em convênio com o BNH, Fundos de Financiamento para Água e Esgotos (art. 2º).

Já a Lei n. 6.528/1978 conferiu ao Executivo federal, através do então Ministério do Interior, a competência para estabelecer as condições de operação dos serviços públicos de saneamento integrados ao PLANASA, bem como estabelecer normas gerais de tarifação e fiscalização da sua aplicação; coordenar, orientar e fiscalizar a execução dos serviços de saneamento; e, ainda, assegurar a assistência financeira, quando necessária (art. 1º).

Especificamente com relação à fixação das tarifas, previu-se que os Estados, através das suas companhias estaduais de saneamento, ou equiparadas – quaisquer companhias sob controle acionário do Poder Público – deveriam realizar, obedecidas as normas do então Ministério do Interior, estudos para fixação de tarifas (art. 2º), os quais deveriam ser aprovados pelo Conselho Interministerial de Preços (CIP).

O Decreto n. 82.587/1978, ao regulamentar a Lei n. 6.528/1978, fixou as competências do então Ministério do Interior: expedir normas gerais sobre a fixação de tarifas e o exercício da sua aplicação e fiscalização; autorizar o reajustamento de tarifas, após sua aprovação pelo CIP; propor ou destinar recursos a "fundo perdido" para investimentos na área do PLANASA; e, por fim, estabelecer as penalidades e sanções a serem aplicadas em decorrência de eventuais irregularidades constatadas pela fiscalização (art. 6º).

Já quanto às atribuições do BNH, enquadrado como "órgão central e normativo" do Sistema Financeiro de Saneamento (SFS), eram elas: propor, ao Ministério do Interior, a edição de normas relativas à fixação de tarifas e o exercício da sua aplicação e fiscalização, além de normas relativas à aplicação de penalidades e sanções a serem aplicadas em decorrência de eventuais irregularidades constatadas pela fiscalização; estabelecer normas complementares às expedidas pelo Ministro de Estado do Interior; analisar e aprovar os planos estaduais de saneamento básico, integrante do PLANASA; exercer a fiscalização técnica, contábil, financeira e do custo dos serviços das companhias estaduais de saneamento básico; analisar os planos, estudos e propostas tarifárias elaborados pelas companhias estaduais de saneamento básico, com vistas às autorizações de reajustes; coordenar, orientar e fiscalizar a execução dos serviços de saneamento básico; propiciar de acordo com seu orçamento, assistência financeira necessária à execução das programações estaduais de saneamento básico, visando a atingir os objetivos e metas do PLANASA; estabelecer normas relativas as Sistema Financeiro de Saneamento (SFS); e, ainda, aplicar as penalidades e sanções estabelecidas pelo Ministro de Estado do Interior (art. 7º).

Aos Estados foram relegadas as atribuições de destinar recursos para o cumprimento das programações estaduais, isso com vistas a atingir os objetivos e metas do PLANASA, bem como, quando necessário, para a manutenção do equilíbrio econômico-financeiro das companhias estaduais de saneamento básico; e, ainda, assegurar a gestão eficiente das companhias estaduais de saneamento e dos Fundos de Financiamento para Água e Esgotos (FAE) e observar as normas expedidas pelo BNH, relativas ao Sistema Financeiro de Saneamento (SFS) (art. 8º).

Já às companhas estaduais foram conferidas as seguintes atribuições: executar a programação estadual, em consonância com os objetivos e metas do PLANASA; elaborar planos, estudos e propostas tarifárias, de acordo com as normas estabelecidas, submetendo-os ao BNH; aplicar os reajustes tarifários concedidos, de acordo com as autorizações emitidas pelo Ministro de Estado do Interior; e, ainda, cumprir as normas expedidas pelo BNH, relativas ao Sistema Financeiro de Saneamento (SFS) (art. 9º).

O PLANASA, ao estruturar-se pela centralização da gestão dos serviços públicos de saneamento administrados e operados por companhias estaduais, isso por meio de constrições ao estabelecimento de convênios com o BNH, concentrou na União a instituição de políticas de expansão dos serviços, o financiamento e a política tarifária.

Instituiu-se, assim, o chamado Sistema Financeiro de Saneamento – SFS, cuja gestão cabia ao Banco Nacional de Habitação – BNH. O financiamento aos Estados ficava condicionado à criação de companhias estaduais de saneamento, conhecidas como CESBs, as quais estabeleciam com os Municípios contratos de adesão ou convênios de delegação.

Veja-se, portanto, que nesse modelo, os Municípios eram obrigados a delegar os serviços públicos de saneamento às companhias estaduais. Só assim eles teriam acesso às linhas de crédito do BNH através do Estado,[179] o único ente capaz de angariar recursos federais para a implantação e expansão dos serviços.

Portanto, a União, de forma autoritária, dominou o setor de saneamento inclusive através do incremento da atuação dos Estados. Ao longo da década de 1980 houve uma retração do fluxo de financiamento para o setor, com o corte de linhas de créditos às empresas estaduais de saneamento e a incorporação do BNH pela Caixa Econômica Federal em 1986. Além disso, o PLANASA foi extinto definitivamente em 1990, por ocasião da reforma administrativa brasileira.[180] Entretanto, a estatização federalizada ainda ecoa, inconstitucionalmente, sobre o setor de saneamento.

Especificamente com relação às recentes alterações trazidas pela Lei n. 14.026/2020, importante destacar, incialmente, a instituição da expressão "normas de referência", a cargo da então Agência Nacional de Águas (ANA), agora Agência Nacional de Águas e Saneamento Básico, destinadas à regulação da prestação dos serviços públicos de saneamento por seus titulares e suas entidades reguladoras e fiscalizadoras (art. 25-A da Lei n. 11.445/2007), as quais compreenderão as seguintes matérias (art. 4º-A, § 1º, da Lei n. 9.984/2000): padrões de qualidade e eficiência na prestação, na manutenção e na operação dos sistemas de saneamento básico; regulação tarifária dos serviços públicos de saneamento básico, com vistas a promover a prestação adequada, o uso racional de recursos naturais, o equilíbrio econômico-financeiro e a universalização do acesso ao saneamento básico; padronização

---

179 PAGANI DE SOUZA, Rodrigo. *Convênio administrativo de delegação de serviço público de saneamento básico*. São Paulo: USP, 2006, p. 20. (Dissertação de Mestrado).

180 PEREIRA, Carlos Bresser. *Reforma do Estado para a cidadania*: a reforma gerencial brasileira na perspectiva internacional. São Paulo: Editora 34, 1998.

dos instrumentos negociais de prestação de serviços públicos de saneamento firmados entre o titular do serviço público e o delegatário, os quais contemplarão metas de qualidade, eficiência e ampliação da cobertura dos serviços, bem como especificação da matriz de riscos e dos mecanismos de manutenção do equilíbrio econômico-financeiro das atividades; metas de universalização dos serviços públicos de saneamento básico para concessões que considerem, entre outras condições, o nível de cobertura de serviço existente, a viabilidade econômico-financeira da expansão da prestação do serviço e o número de Municípios atendidos; critérios para a contabilidade regulatória; redução progressiva e controle da perda de água; metodologia de cálculo de indenizações devidas em razão dos investimentos realizados e ainda não amortizados ou depreciados; governança das entidades reguladoras; reúso dos efluentes sanitários tratados, em conformidade com as normas ambientais e de saúde pública; parâmetros para determinação de caducidade na prestação dos serviços públicos de saneamento básico; normas e metas de substituição do sistema unitário pelo sistema separador absoluto de tratamento de efluentes; sistema de avaliação do cumprimento de metas de ampliação e universalização da cobertura dos serviços públicos de saneamento; e, ainda, conteúdo mínimo para a prestação universalizada e para a sustentabilidade econômico-financeira dos serviços públicos de saneamento.

Referidas normas de referência para a regulação dos serviços públicos de saneamento básico deverão (art. 4º-A, § 3º, da Lei n. 9.984/2000): promover a prestação adequada dos serviços, com atendimento pleno aos usuários, observados os princípios da regularidade, da continuidade, da eficiência, da segurança, da atualidade, da generalidade, da cortesia, da modicidade tarifária, da utilização racional dos recursos hídricos e da universalização dos serviços; estimular a livre concorrência, a competitividade, a eficiência e a sustentabilidade econômica na prestação dos serviços; estimular a cooperação entre os entes federativos com vistas à prestação, à contratação e à regulação dos serviços de forma adequada e eficiente, a fim de buscar a universalização dos serviços e a modicidade tarifária; possibilitar a adoção de métodos, técnicas e processos adequados às peculiaridades locais e regionais; incentivar a regionalização da prestação dos serviços, de modo a contribuir para a viabilidade técnica e econômico-financeira, a criação de ganhos de escala e de eficiência e a universalização dos serviços; estabelecer parâmetros e periodicidade mínimos para medição do cumprimento das metas de cobertura dos serviços e do atendimento aos indicadores de qualidade e aos padrões de potabilidade, observadas as peculiaridades contratuais e regionais; estabelecer critérios limitadores da sobreposição de custos administrativos ou gerenciais a serem pagos pelo usuário final, independentemente da configuração de subcontratações ou de subdelegações; e, ainda, assegurar a prestação concomitante dos serviços de abastecimento de água e de esgotamento sanitário.

Consciente das limitações decorrentes do regime constitucional de repartição de competências, bem como da autonomia conferida aos Municípios, condicionou-se a alocação de recursos públicos federais e os financiamentos promovidos pela União à observância das normas de referência para a regulação da prestação dos serviços públicos de saneamento expedidas pela ANA (art. 50, inciso III).

Entretanto, a autonomia conferida constitucionalmente aos Municípios nunca foi acompanhada de uma partilha tributária que seja minimamente isonômica. Por essa razão, o estímulo legal à vinculação dos Municípios aos programas e financiamentos federais de saneamento, em cenário de federalismo mitigado pela forte concentração de receitas tributárias na União, não se reduz à compreensão do que sejam transferências obrigatórias ou não pela União.

Em outras palavras, a repartição de receitas tributárias, regulamentadas especialmente pelos arts. 157 a 162 da Constituição, não nos permite inferir que o financiamento federal para projetos municiais de saneamento sujeite-se a qualquer voluntarismo. Por essa razão, reputamos inconstitucionais as previsões legais que, na tentativa de preservar uma forte estatização federalizada do saneamento, constrangeu o financiamento aos Municípios à sujeição às normas de referência nacionais.

CAPÍTULO III

REGIMES JURÍDICOS DE PRESTAÇÃO DO SERVIÇO PÚBLICO DE SANEAMENTO

3.1 Prestação direta e indireta de serviço público e gestão associada: consórcios públicos e convênios de cooperação

O art. 175 da Constituição preceitua incumbir ao Poder Público diretamente ou sob regime de concessão ou permissão, sempre através de licitação, a prestação de serviços públicos. Assim, tem-se que a prestação do serviço público de saneamento pode ocorrer direta ou indiretamente, no último caso por meio de concessão ou permissão.

Assim considerando, consoante previsão do art. 10 da Lei n. 11.445/2007, a prestação dos serviços públicos de saneamento por entidade que não integre a Administração do titular depende da celebração de contrato de concessão, mediante prévia licitação, vedada a sua disciplina mediante contrato de programa, convênio, termo de parceria ou outros instrumentos de natureza precária.

O titular dos serviços pode valer-se de gestão associada para prestar os serviços públicos, consoante previsão do art. 241 da Constituição, o qual preceitua que a União, os Estados, o Distrito Federal e os Municípios disciplinarão, por meio de lei, os consórcios públicos e os convênios de cooperação entre os entes federados, autorizando a gestão associada de serviços públicos, bem como a transferência total ou parcial de encargos, serviços, pessoal e bens essenciais à continuidade dos serviços transferidos.

Regulamentando referida previsão constitucional, a Lei n. 11.107/2005 previu que a Constituição de consórcio público poderá assumir a feição de associação pública ou de pessoa jurídica de Direito privado (art. 1º, § 1º). Por essa razão, o consórcio público pode assumir personalidade jurídica de Direito privado ou público (art. 6º, incisos I e II), hipótese em que integrará a administração indireta de todos os entes federados consorciados (art. 6º, §1º).

O consórcio público poderá firmar convênios, contratos, acordos de qualquer natureza, receber auxílios, contribuições e subvenções sociais ou econômicas de outras entidades e órgãos do governo; nos termos do contrato de consórcio de Direito público, promover desapropriações e instituir servidões nos termos de declaração de utilidade ou necessidade pública, ou interesse social, realizada pelo Poder Público; e, ainda, ser contratado pela administração direta ou indireta dos entes da Federação consorciados, dispensada a licitação (art. 2º, § 1º).

Especificamente com relação à prestação dos serviços públicos comuns, previu-se que os consórcios públicos poderão outorgar concessão, permissão ou autorização de obras ou serviços públicos mediante autorização prevista no contrato de consórcio público, que deverá indicar de forma específica o objeto da concessão, permissão ou autorização e as condições a que deverá atender, observada a legislação de normas gerais em vigor.

Destaque-se, ademais, que os entes consorciados somente repassarão recursos ao consórcio público mediante contrato de rateio, o qual deve ser formalizado em cada exercício financeiro, e seu prazo de vigência não será superior ao das dotações que o suportam, com exceção dos contratos que tenham por objeto exclusivamente projetos consistentes em programas e ações contemplados em plano plurianual (art. 8°).

Do mesmo modo, é através de contrato de programa que deverão ser constituídas e reguladas as obrigações que um ente da Federação constituir para com outro ente da Federação ou para com consórcio público no âmbito de gestão associada em que haja a prestação de serviços públicos ou a transferência total ou parcial de encargos, serviços, pessoal ou de bens necessários à continuidade dos serviços transferidos (art. 13, *caput*), razão pela qual o contrato de programa deve atender à legislação de concessões e permissões de serviços públicos e, especialmente no que se refere ao cálculo de tarifas e de outros preços públicos, à de regulação dos serviços a serem prestados; e, ainda, prever procedimentos que garantam a transparência da gestão econômica e financeira de cada serviço em relação a cada um de seus titulares (art. 13, §1°). Só é afastada a obrigatoriedade do contrato de programa quando obrigações cujo descumprimento não acarretar qualquer ônus, inclusive financeiro, a ente da Federação ou a consórcio público (art. 13, § 7°).

Por fim, relevante destacar a previsão do art. 13, § 4°, da Lei n. 11.107/2005, segundo o qual o contrato de programa continuará vigente mesmo quando extinto o consórcio público ou o convênio de cooperação que autorizou a gestão associada de serviços públicos. Do mesmo modo, de acordo com o art. 13, § 5°, da Lei n. 11.107/2005, desde que previsto no contrato de consórcio público ou no convênio de cooperação, o contrato de programa poderá ser celebrado por entidades de Direito público ou privado que integrem a administração indireta de qualquer dos entes da Federação consorciados ou conveniados.

A recente Lei n. 14.026/2020, ao revogar expressamente o § 6° do art. 13 da Lei n. 11.107/2005, viabilizou, juridicamente, que o contrato de programa celebrado por entidades de Direito público ou privado que integrem a administração indireta de qualquer dos entes da Federação consorciados ou conveniados não seja automaticamente extinto no caso de o contratado não mais integrar a administração indireta do ente da Federação que autorizou a gestão associada de serviços públicos por meio de consórcio público ou de convênio de cooperação.

A regulamentação infraconstitucional da gestão associada do serviço público de saneamento possui tratamento específico para algumas matérias, isso tendo em vista o regime geral da Lei n. 11.107/2005, razão pela qual, à luz do princípio da especialidade, devem prevalecer.

Com efeito, de acordo com o art. 8º, § 1º, da Lei n. 11.445/2007, o exercício da titularidade dos serviços de saneamento poderá ser realizado também por gestão associada, mediante consórcio público ou convênio de cooperação, nos termos do art. 241 da Constituição, observadas determinadas regras especiais: consórcios intermunicipais poderão prestar o serviço aos seus consorciados diretamente, pela instituição de autarquia intermunicipal (art. 8º, § 1º, inciso I), os quais se destinam, consoante previsão do art. 8º, § 1º, inciso II, ao financiamento das iniciativas de implantação de medidas estruturais de abastecimento de água potável, esgotamento sanitário, limpeza urbana, manejo de resíduos sólidos, drenagem e manejo de águas pluviais.

Além do consórcio intermunicipal, os Chefes dos Poderes Executivos da União, dos Estados, do Distrito Federal e dos Municípios poderão formalizar a gestão associada para o exercício de funções relativas aos serviços públicos de saneamento básico por meio de convênio de cooperação, hipótese em que é dispensada a autorização legal (art. 8º, § 4º).

Em ambos os casos de prestação regionalizada – consórcio intermunicipal ou convênio de cooperação – o titular dos serviços públicos de saneamento básico definirá a entidade responsável pela regulação e fiscalização desses serviços (art. 8º, § 5º). Do mesmo modo, em ambos os casos de prestação regionalizada, as responsabilidades administrativa, civil e penal são exclusivamente aplicadas aos titulares dos serviços públicos de saneamento (art. 8º-B).

Independentemente da modalidade de prestação – direta individualmente ou em prestação regionalizada ou, ainda, indiretamente – deve o titular dos serviços, consoante previsão do art. 9º – e através de voluntária cooperação técnica do Estado, consoante parágrafo único do art. 9º – elaborar os planos de saneamento, bem como estabelecer metas e indicadores de desempenho e mecanismos de aferição de resultados, a serem obrigatoriamente observados na execução dos serviços prestados de forma direta ou por concessão; prestar diretamente os serviços, ou conceder a prestação deles, e definir, em ambos os casos, a entidade responsável pela regulação e fiscalização da prestação dos serviços públicos de saneamento básico; definir os parâmetros a serem adotados para a garantia do atendimento essencial à saúde pública, inclusive quanto ao volume mínimo per capita de água para abastecimento público, observadas as normas nacionais relativas à potabilidade da água; estabelecer os direitos e os deveres dos usuários; estabelecer os mecanismos e os procedimentos de controle social; implementar sistema de informações sobre os serviços públicos de saneamento básico, articulado com o Sistema Nacional de Informações em Saneamento Básico (Sinisa), o Sistema Nacional de Informações sobre a Gestão dos Resíduos Sólidos (Sinir) e o Sistema Nacional de Gerenciamento de Recursos Hídricos (Singreh), observadas a metodologia e a periodicidade estabelecidas pelo Ministério do Desenvolvimento Regional; e, ainda, intervir e retomar a operação dos serviços delegados, por indicação da entidade reguladora, nas hipóteses e nas condições previstas na legislação e nos contratos.

Consoante previsão do art. 8º, § 1º, inciso II, da Lei n. 11.445/2007, é vedada a formalização de contrato de programa com sociedade de economia mista ou empresa pública e, ainda, subdelegação do serviço prestado pela autarquia intermunicipal sem prévio procedimento licitatório.

O art. 11-A da Lei n. 11.445/2007 prevê que, na hipótese de prestação dos serviços públicos de saneamento por meio de contrato, o prestador de serviços poderá, além de realizar licitação e contratação de parceria público-privada, subdelegar o objeto contratado, observado, para a referida subdelegação, o limite de 25% (vinte e cinco por cento) do valor do contrato e, ainda, condicionada à comprovação técnica, por parte do prestador de serviços, do benefício em termos de eficiência e qualidade dos serviços públicos de saneamento (art. 11-A, § 1º).

A prestação regionalizada, desenhada para, em tese, viabilizar geração de ganhos de escala e, consequentemente, contribuir para a universalização e da viabilidade técnica e econômico-financeira dos serviços públicos de saneamento (art. 2º, inciso XIV), caracteriza-se como modalidade de prestação integrada de um ou mais componentes dos serviços públicos de saneamento em determinada região cujo território abranja mais de um Município (art. 3º, inciso VI).

Ela pode ser estruturada em região metropolitana ou equiparadas (aglomeração urbana ou microrregião), unidade regional de saneamento e, ainda, através de bloco de referência, última circunstância esta em que há um grupamento de Municípios não necessariamente limítrofes, estabelecido, à luz do regime de gestão associada, pela União, mas desde que haja anuência dos titulares dos serviços públicos de saneamento (art. 3º, inciso VI, alínea "a") e subsidiariamente aos Estados (art. 52, § 3º). Já quanto às unidades regionais de saneamento, elas são instituídas pelos Estados mediante lei e compreende o agrupamento de Municípios não necessariamente limítrofes (art. 3º, inciso VI, alínea "b").

3.2 Concessões de serviço público: comuns e parcerias público-privadas

A concessão de serviço público é o instituto através do qual o Estado atribui o exercício de um serviço público a alguém que aceita prestá-lo em nome próprio, por sua conta e risco, nas condições fixadas e parcialmente alteráveis unilateralmente pelo Poder Público, mas sob garantia contratual de um equilíbrio econômico-financeiro. A concessão de serviço público é gênero do qual são espécies a concessão comum, a patrocinada e a administrativa.

Em outras palavras, a concessão de serviço público é o instituto através do qual o Estado atribui a prestação de um serviço público a alguém que aceita prestá-lo em nome próprio, por sua conta e risco, respeitadas as condições fixadas contratualmente e sob garantia de obediência às legítimas expectativas patrimoniais, o que deve ocorrer, em especial, por meio da manutenção do equilíbrio econômico-financeiro do contrato.

Com efeito, consoante previsão do art. 2º, inciso II, da Lei n. 8.987/1995, na redação conferida pela Lei n. 14.133/2021, a concessão de serviço público é conceituada como a delegação de sua prestação, feita pelo Poder Concedente, mediante licitação, na modalidade concorrência ou diálogo competitivo, a pessoa jurídica ou consórcio de empresas que demonstre capacidade para seu desempenho, por sua conta e risco e por prazo determinado.

Destaque-se que o risco a que se refere a citada espécie normativa é aquele compreendido na álea ordinária da economia, ao risco ordinário do negócio. Por essa razão, relevante destacar aqui a classificação das áleas às quais o particular está exposto realizada por Maria Sylvia Zanella Di Pietro:

> (...) Álea ordinária ou empresarial que está presente em qualquer tipo de negócio; é um risco que todo empresário corre, como resultado da própria flutuação do mercado; sendo previsível, por ele responde o particular.

> Álea administrativa, que abrange três modalidades: a) uma decorrente do poder de alteração unilateral do contrato administrativo, para atendimento do interesse público; por ela responde a Administração, incumbindo-lhe a obrigação de restabelecer o equilíbrio voluntariamente rompido; b) a outra corresponde ao chamado fato do príncipe, que seria um ato de autoridade, não diretamente relacionado com o contrato, mas que repercute indiretamente sobre ele; nesse caso, a Administração também responde pelo restabelecimento do equilíbrio rompido; c) a terceira constitui o fato da Administração, entendido como "toda conduta ou comportamento desta que torne impossível, para o contratante particular, a execução do contrato" (Escola, 1977, v. I: 434); ou, de forma mais completa, é "toda ação ou omissão do Poder Público que, incidindo direta e especificamente sobre o contrato, retarda, agrava ou impede a sua execução" (Hely Lopes Meirelles, 2003:233).
>
> Álea econômica, que corresponde a circunstâncias externas ao contrato, estranhas à vontade das partes, imprevisíveis, excepcionais, inevitáveis, que causam desequilíbrio muito grande no contrato, dando lugar à aplicação da teoria da imprevisão; a Administração Pública, em regra, responde pela recomposição do equilíbrio econômico-financeiro (...).[181]

Veja-se, portanto, que a álea ordinária ou empresarial é um risco normal e previsível. Por essa razão, por ela responde a concessionária. Ao contrário, a álea econômica é um risco alocado ao Poder Concedente, na medida em que circunstâncias externas ao contrato, estranhas à vontade das partes e excepcionais estão compreendidas na teoria da imprevisão.

A concessão comum é aquela em que, em tese, o Poder Público não realiza, diretamente, contraprestação. A concessão patrocinada

---

181 DI PIETRO, Maria Sylvia. *Direito administrativo*. São Paulo: Atlas, 2012, p. 286.

particulariza-se por seu regime remuneratório, o qual inclui tarifa cobrada dos usuários e contraprestação do Poder Público. A concessão administrativa categoriza-se em viabilizadora da prestação de serviços públicos e de serviços ao Estado. A primeira compreende contraprestação pelo Poder Concedente, usuário indireto. Por outro lado, a concessão administrativa de serviços ao Estado apresenta por objeto os serviços referidos no art. 6º da Lei n. 8.666/1993, ou seja, "o oferecimento de utilidades à própria Administração, que será havida como usuária direta dos serviços e versará a correspondente remuneração",[182] pouco se aproximando, portanto, de uma concessão de serviço público, mas mera prestação daqueles serviços ao Estado normalmente enquadrados na Lei n. 8.666/1993.

A Lei n. 11.445/2007, além de incorporar as cláusulas essenciais das concessões comuns de serviço público previstas no art. 23 da Lei n. 8.987/1995, previu, no seu art. 10-A, serem cláusulas essenciais de tais avenças: metas de expansão dos serviços, de redução de perdas na distribuição de água tratada, de qualidade na prestação dos serviços, de eficiência e de uso racional da água, da energia e de outros recursos naturais, do reúso de efluentes sanitários e do aproveitamento de águas de chuva, em conformidade com os serviços a serem prestados; possíveis fontes de receitas alternativas, complementares ou acessórias, bem como as provenientes de projetos associados, incluindo, entre outras, a alienação e o uso de efluentes sanitários para a produção de água de reúso, com possibilidade de as receitas serem compartilhadas entre o contratante e o contratado, caso aplicável; metodologia de cálculo de eventual indenização relativa aos bens reversíveis não amortizados por ocasião da extinção do contrato; e, ainda, repartição de riscos entre as partes, incluindo os referentes a caso fortuito, força maior, fato do príncipe e álea econômica extraordinária.

---

182 SUNDFELD, Carlos Ari. "Guia jurídico das parcerias público-privadas". *In*: ______. (Coord.). *Parcerias público-privadas*. São Paulo: Malheiros, 2005, p. 30.

Além do mais, o art. 11 da Lei n. 11.445/2007 prevê serem condições de validade dos contratos que tenham por objeto a prestação de serviços públicos de saneamento: plano de saneamento; estudo que comprove a viabilidade técnica e econômico-financeira da prestação dos serviços; normas de regulação que prevejam os meios para o cumprimento das diretrizes legais, incluindo a designação da entidade de regulação e de fiscalização; a realização prévia de audiência e de consulta públicas; e, ainda, a existência de metas e cronograma de universalização dos serviços.

Especificamente com relação aos serviços públicos de saneamento prestados em regime de concessão e de contrato de programa, o § 2º do art. 11 da Lei n. 11.445/2007 exige que, quanto aos aspectos regulatórios relativos ao cumprimento das diretrizes legais, bem como quanto à designação da entidade de regulação e de fiscalização, deve-se prever: a autorização para a contratação dos serviços, indicando os respectivos prazos e a área a ser atendida; a inclusão, no contrato, das metas progressivas e graduais de expansão dos serviços, de redução progressiva e controle de perdas na distribuição de água tratada, de qualidade, de eficiência e de uso racional da água, da energia e de outros recursos naturais, em conformidade com os serviços a serem prestados e com o respectivo plano de saneamento básico; as prioridades de ação, compatíveis com as metas estabelecidas; as condições de sustentabilidade e equilíbrio econômico-financeiro da prestação dos serviços, em regime de eficiência, incluindo o sistema de cobrança e a composição de taxas e tarifas, a sistemática de reajustes e de revisões de taxas e tarifas e a política de subsídios; mecanismos de controle social nas atividades de planejamento, regulação e fiscalização dos serviços; e, ainda, as hipóteses de intervenção e de retomada dos serviços.

3.3 O controle, pelos Tribunais de Contas, do equilíbrio econômico-financeiro dos contratos administrativos

Nossa Constituição, no seu art. 70 e seguintes, tratou da fiscalização contábil, financeira, orçamentária, operacional e patrimonial da União e das entidades da administração direta e indireta, ao passo que seu art. 31 dispôs sobre a fiscalização do Município pelo Legislativo municipal, mediante controle externo exercido com o auxílio dos Tribunais de Contas dos Estados ou, quando o caso, do Município.

Com efeito, consoante previsão do art. 71 da Constituição, de aplicação por simetria aos Estados, o controle externo, a cargo do Congresso Nacional, será exercido com o auxílio do Tribunal de Contas da União (TCU), ao qual compete, dentre outras matérias ali constantes, apreciar as contas prestadas anualmente pelo Presidente da República; julgar as contas dos administradores e demais responsáveis por dinheiros, bens e valores públicos; realizar inspeções e auditorias de natureza contábil, financeira, orçamentária, operacional e patrimonial; aplicar aos responsáveis, em caso de ilegalidade de despesa ou irregularidade de contas, sanções administrativas; sustar, se não atendido, a execução do ato impugnado, comunicando a decisão à Câmara dos Deputados e ao Senado Federal, ao passo que, no caso de contrato, o ato de sustação será adotado diretamente pelo Congresso Nacional, que solicitará, de imediato, ao Executivo as medidas cabíveis.

A Lei n. 14.133/2021, ao tratar sobre o controle das contratações públicas, previu constituir-se a chamada terceira linha de defesa aquela integrada pelo órgão central de controle interno da Administração e pelo Tribunal de Contas. Tendo em vista o propósito do presente estudo, consistente em cotejar aspectos do controle do reequilíbrio econômico-financeiro dos contratos administrativos pelos Tribunais de Contas – e, portanto, externo – apresentaremos, a seguir, elementos que devem nortear a fiscalização nesse âmbito.

A primeira questão que se coloca é que a atuação externa deve exercer uma desejável fiscalização de atos e contratos administrativos – contribuindo, assim, para um controle de juridicidade que se soma àqueles integrantes da própria estrutura interna do órgão e, consequente, com menor sujeição a conflito de interesses, o qual conceituado pela Lei n. 12.813/2013 como a situação gerada pelo confronto entre interesses públicos e privados comprometedor do interesse coletivo ou influenciador, de maneira imprópria, do desempenho da função pública, razão pela qual possui relação direta com o princípio da impessoalidade previsto no art. 37, *caput*, da Constituição.

Entretanto, o controle externo deve, em determinadas circunstâncias, ser deferente às legítimas escolhas administrativas, salvo diante de evidente ilegalidade. Com efeito, não deve o controle externo adentrar no mérito do ato administrativo e, ainda, valer-se de conceitos jurídicos indeterminados para rever decisões administrativas tomadas no âmbito do reequilíbrio econômico-financeiro dos contratos administrativos.

A teoria da imprevisão incide nas contratações públicas para tutelar interesses patrimoniais recíprocos, bem como resguardar a relação jurídica contrafatores excepcionais de instabilização. O controle externo realizado pelos Tribunais de Contas, inclusive consultivo, pode e deve constituir-se em relevante instância de otimização do exercício da função pública na seara das contratações públicas. É inegável que devem ser rechaçados atos que atentem contra a coisa pública. Por outro lado, também é evidente que o controle do exercício da função pública, quase sempre posteriormente e distante da realidade, não pode ser fruto de um curador universal da excelência administrativa. O Direito Administrativo sancionador, cujos tentáculos espraiam-se sobre diversos órgãos de controle administrativos e judiciais, todos eles sedentos em punir, não é a solução para que nossa Administração Pública cumpra suas relevantes missões constitucionais.

A atuação externa deve exercer uma desejável fiscalização de atos e contratos administrativos – contribuindo, assim, para um controle de juridicidade que se soma àqueles integrantes da própria estrutura interna do órgão e, consequente, com menor sujeição a conflito de interesses, o qual conceituado pela Lei n. 12.813/2013 como a situação gerada pelo confronto entre interesses públicos e privados comprometedor do interesse coletivo ou influenciador, de maneira imprópria, do desempenho da função pública, razão pela qual possui relação direta com o princípio da impessoalidade previsto no art. 37, *caput*, da Constituição.

Entretanto, o controle externo deve, em determinadas circunstâncias, ser deferente às legítimas escolhas administrativas, salvo diante de evidente ilegalidade. Com efeito, não deve o controle externo adentrar no mérito do ato administrativo e, ainda, valer-se de conceitos jurídicos indeterminados para rever decisões administrativas tomadas no âmbito do reequilíbrio econômico-financeiro dos contratos administrativos.

3.4 Os contratos de concessão e as *holdings*

O contrato de concessão de serviço público, bem como as modalidades de parceria público-privada (PPP), é o principal arranjo através do qual as empresas assumem robustos projetos públicos e realizam investimentos em setores de infraestrutura, tais como rodovias, ferrovias, portos, aeroportos, energia elétrica e saneamento.

O Estado, através de referidos modelos contratuais, atribui, através de licitação, a prestação de um serviço de relevante interesse público para quem aceita prestá-lo em nome próprio, por sua conta e risco, nas condições parcialmente alteráveis unilateralmente e sob garantia contratual de um equilíbrio econômico-financeiro.

Se, por um lado, o empreendimento envolve a prestação de uma atividade de titularidade do Estado, o que afasta a sujeição às regras de liberdade de iniciativa e concorrência, é no ambiente privado de inovação, criação e desenvolvimento que surgem e se desenvolvem as soluções tecnológicas.

Também não se pode desconsiderar a necessidade de redução do agigantamento estatal em setores nos quais inexistem razões econômicas ou técnicas para a prestação direta pelo Estado, mas que são atrativos para o estabelecimento de parcerias com a iniciativa privada, preservando-se o interesse público através de regramento contratual, controles estatais e da regulação.

Ao contrário da prestação de mera utilidade ao Estado, como ocorre nos contratos administrativos comuns, referidas parcerias através de contratos de concessão de serviço público inserem-se no contexto da admissibilidade de outorga, à iniciativa privada, de atividades reservadas ao Estado em setores econômicos caracterizados por falhas de mercado, assimetrias de informações e pela essencialidade das atividades para a sociedade e para as relações econômicas.

Por todas essas razões, a iniciativa privada é, nos contratos de concessão de serviço público, uma parceira do empreendimento, cuja *expertise* e investimentos são essenciais para seu êxito.

As concessões de serviço público são, normalmente, implantadas e geridas pelas chamadas sociedades de propósito específico (SPEs), as quais são constituídas por consórcios de empresas vencedores de licitações públicas e podem assumir a forma de companhia aberta com valores mobiliários admitidos à negociação no mercado.

As SPEs, longe de serem criadas e viverem isoladas, estão insertas em sofisticados arranjos empresariais no âmbito dos quais o projeto público em regime de concessão é nutrido por investimentos e por eficiência na gestão, inclusive através de supressão de instâncias de administração na específica concessionária, dando lugar à atuação por órgãos da respectiva *holding*.

O poder de controle em modelos dessa natureza está sujeito a determinados condicionamentos inexistentes em estruturas empresariais privadas que, na sua cadeia, não possuam parcerias contratuais com o Estado. A alienação do controle de uma concessionária requer, por exemplo, autorização prévia e que o novo controlador cumpra determinadas exigências de capacidade técnica, idoneidade financeira e regularidade jurídica e fiscal.

O arranjo de *holdings* que tenham, entre suas subsidiárias, negócios público-privados, pode acarretar, em determinadas circunstâncias, responsabilidades administrativo-contratual, cível-patrimonial, por atos de corrupção e improbidade na cadeia do grupo econômico e, especialmente, na relação subsidiária-controlador. A responsabilidade deve ser excepcional e pode, em tese, ser objetiva, solidária ou subsidiária.

O emaranhamento da prestação de serviço público em estruturas empresariais privadas voltadas, majoritariamente ou não, à exploração de atividades econômicas sujeitas aos princípios de livre iniciativa e concorrência requer maturada decisão empresarial e específicos modelos de governança e gestão.

Em outras palavras, a estruturação de grupos econômicos no ambiente dos contratos de concessão de serviço público requer respostas à altura dos desafios impostos pelo regime jurídico publicista que é atraído pelas parcerias estatais, ainda que, em tese, isoladas sob o modelo de SPEs.

Ademais, é inegável que o Estado se apropria, direta e indiretamente, das vantagens econômicas das *holdings*, as quais envidam esforços em eficiência administrativa e na gestão dos projetos públicos sob seu guarda-chuva, garantindo a plena execução contratual, bem como a prestação de um serviço público adequado.

Por todas essas razões, o modelo de grupo econômico no qual se insere uma determinada concessionária de serviço público deve ser estimulado pelo Estado, isso em razão dos ganhos tangíveis e intangíveis.

O fomento ao arranjo pode ocorrer, em especial, através do oferecimento de maiores benefícios tributários e trabalhistas, mediante maior compromisso regulatório e contratual com a remuneração variável vinculada ao desempenho e com receitas acessórias e projetos associados, além da flexibilização dos requisitos de acesso ao financiamento público.

As *holdings* concessionárias de serviço público são poderosos mecanismos de eficiência econômica e segurança jurídico-contratual que, enquanto tais, devem ser objeto de valorização pelo Estado. Na contramão da ilusão que a nomenclatura SPE nos leva a incorrer, as concessões de serviço público não vivem isoladas como unidades de negócios ou centros de custo. O reconhecimento da falácia é o primeiro passo.

3.5 Licitações de concessões: quando é um bom negócio?

A decisão empresarial de, ao invés atuar exclusivamente no mercado privado, imiscuir-se em negócios público-privados, requer maturada reflexão e um específico apetite ao risco. Por um lado, é preciso ter em vista as prerrogativas detidas pelo Estado para, unilateralmente, alterar o contrato administrativo, além de posições processais e executórias privilegiadas. Por outro lado, todo e qualquer negócio público-privado está sujeito às intercorrências e aos abalos decorrentes de um excesso de controle dessincronizado e quase perpétuo. Ninguém se atreve a dizer, dentre as instâncias administrativas brasileiras, qual delas é competente para dar a última palavra sobre a intepretação jurídica.

Para além do prognóstico apresentado, na maioria das vezes a investida empresarial sobre as concessões de serviço público é um bom negócio. O arranjo publicista costuma permitir uma alocação ótima de recursos escassos e, ainda, um razoável retorno para investimentos passíveis de financiamento público e privado, além de incentivos fiscais em certa medida vantajosos.

O contrato de concessão de serviço público, bem como as modalidades de parceria público-privada (PPP), é o principal arranjo por meio do qual as empresas assumem robustos projetos públicos e realizam investimentos em setores estratégicos da economia, tais como, além de saneamento, rodovias, portos, aeroportos, ferrovias, energia elétrica, telecomunicações, sistema metroferroviário, iluminação pública e, dentre muitos outros, loterias.

A concessão de serviço público é uma avença através da qual o Estado atribui o exercício de um serviço público a alguém que aceita prestá-lo em nome próprio, por sua conta e risco, nas condições fixadas e parcialmente alteráveis unilateralmente pelo Poder Público, mas sob garantia contratual de um equilíbrio econômico-financeiro.

Especialmente em razão da natureza das atividades concedidas e de assimetrias de informação, o objeto dos contratos de concessão não deve ser exaustiva e plenamente delimitado e caracterizado. A complexidade do objeto impõe permeabilidade.

A iniciativa privada é, nos contratos de concessão de serviço público, uma parceira do empreendimento, cuja *expertise* é essencial para seu êxito. Portanto, a participação em licitações de concessões será um bom negócio quando o arranjo contratual, bem como sua respectiva modelagem econômico-financeira, for capaz de amalgamar as retaguardas necessárias e exigidas pelo regime jurídico de Direito público com um espaço para que a iniciativa privada possa ser eficiente e obter retorno proporcional.

A execução de uma atividade de titularidade do Estado afasta das concessões de serviço público a sujeição, em sua plenitude, das regras de liberdade de iniciativa e concorrência. Entretanto, é no ambiente privado de inovação, criação e desenvolvimento que surgem e são desenvolvidas as soluções tecnológicas.

Será um bom negócio para a iniciativa privada quando a concessão de serviço público for estruturada tendo em vista referida lógica, a qual deve informar a estruturação do regime remuneratório, a equação econômico-financeira, a matriz de riscos, a fixação de valores de outorga e de garantias contratuais, os limites de subcontratação e, por fim, as regras de alteração contratual e de obtenção de receitas alternativas, complementares, acessórias e de projetos associados.

Ademais, o apetite de mercado para enveredar-se em negócios público-privados requer segurança regulatória e institucional. A certeza de que o combinado no presente valerá no futuro requer compromisso com legítimas expectativas e redução de litigiosidade e da discricionariedade administrativa no campo das relações contratuais. Nesse cenário, a participação em licitações de concessões de serviço público sempre será um bom negócio.

3.6 Generalidades do regime básico de contratação (Lei n. 8.666/1993 e Lei n. 14.133/2021) e as concessões de serviço público

A Lei n. 8.666/1993 destina-se, precipuamente, ao estabelecimento de "normas gerais" relativas a contratos administrativos pertinentes a obras, serviços, inclusive de publicidade, compras, alienações e locações no âmbito da União, dos Estados, do Distrito Federal e dos Municípios (art. 1º da Lei n. 8.666/1993). Referida Lei foi, recentemente, substituída pela Lei n. 14.133/2021, que revogou, na data de sua publicação, os arts. 89 a 108 da Lei n. 8.666/1993, ao passo que os demais dispositivos serão revogados em dois anos. Tendo em vista a transição estabelecida, realizaremos o cotejamento de ambos os regimes de contratação.

Assim considerando, a primeira questão que se coloca é quanto a compreensão da expressão "normas gerais", que não implica na extensão do regime da Lei n. 8.666/1993 – e, em breve, da Lei n. 14.133/2021 – para outros modelos contratuais, mas apenas uma decorrência da previsão constitucional que atribuiu à União a competência legislativa privativa para dispor sobre normas gerais de licitação e contratação para as administrações públicas diretas, autárquicas e fundacionais da União, Estados, Distrito Federal e Municípios, além das empresas públicas e sociedades de economia mista (art. 22, inciso XXVII, da Constituição).

Já quanto aos contratos de concessão de serviço público, eles possuem relação direta com nosso próprio modelo de ordem econômica, insere-se nos próprios quadrantes da extensão entre espaços público e privado, bem como na admissibilidade de trespasse, à iniciativa privada, de atividades reservadas ao Estado. Não se trata, portanto, da mera execução, pela iniciativa privada, de uma utilidade ao Estado. Além do mais, inerente ao modelo está, ainda, a noção de serviço público, a qual está baseada na essencialidade e na instrumentalidade da atividade econômica desempenhada.

O regime de serviço público impõe, além de regras relativas à posição jurídica do particular contratado, o dever de prestação de um serviço adequado, assim entendido aquele que satisfaz, dentre outros qualificativos, as condições de atualidade, a qual compreende a modernidade e a conservação (art. 6º da Lei n. 8.987/1995). Inclusive por essa razão, costuma-se afirmar que tais avenças são envoltas de mutabilidade, isso em razão do *dever-poder* conferido à Administração Pública de alterar as obrigações do contratado ou as condições de sua execução de modo que o ajuste realize da melhor forma possível o interesse público que motivou sua celebração.

Especialmente em razão da natureza das atividades concedidas, as quais inviabilizam a formatação de um objeto plenamente caracterizável, mas também em razão de assimetrias de informação, do mecanismo de viabilização da sua prestação – investimentos privados no todo ou em parte, cuja contraprestação impõe a necessidade de prazo contratual longo – e do interesse público perseguido, costuma-se afirmar que, em tais modelos contratuais, deparamo-nos com um "objeto complexo e permeável".[183]

---

183 XAVIER, Eduardo; PINHEIRO, Luís Felipe Valerim. "Atualidades e casuística sobre alteração dos contratos de concessão de infraestrutura". *In*: PEREIRA

Especificamente com relação à formatação de um objeto plenamente caracterizável, à exigência de projeto básico com elevado nível de detalhamento, exigido pela Lei n. 8.666/1993 (art. 7º, § 2º, inciso I), basta, às concessões de serviço público, a descrição das condições necessárias à prestação adequada do serviço (art. 18, inciso II, Lei n. 8.987/1995) e, no caso de execução de obra pública, mera apresentação de "elementos do projeto básico" (art. 18, inciso XV, Lei n. 8.987/1995).

A Lei n. 14.133/2021, no seu art. 46, § 2º, dispensou a elaboração de projeto básico nos casos de contratação integrada, hipótese em que deverá ser elaborado anteprojeto de acordo com metodologia definida em ato do órgão competente, anteprojeto este que, consoante previsão do art. 6º, inciso XXIV, deve possuir os elementos necessários para a elaboração do projeto básico.

Quanto aos aspectos relativos aos prazos de tais avenças, os contratos previstos na Lei n. 8.666/1993 são relativamente curtos, ficando, em regra, limitados à vigência dos créditos orçamentários necessários à contraprestação pelos serviços prestados (art. 57, *caput*, Lei n. 8.666/1993). Referida regra admite exceções, tais como a possibilidade de prorrogação de contratos para além do referido prazo, desde que compatível com o Plano Plurianual (art. 57, inciso I, Lei n. 8.666/1993) e serviços contínuos, que podem chegar a até 60 meses (art. 57, inciso II, Lei n. 8.666/1993). Por outro lado, os prazos dos contratos de concessão, salvo regras de determinados setores regulados, não estão condicionados a um específico prazo legal, razão pela qual eles são fixados de acordo com a sua modelagem econômico-financeira, bem como com o prazo necessário para contraprestação pelos investimentos e serviços prestados.

A Lei n. 14.133/2021, nos seus arts. 105 a 114, instituiu um novo regramento de duração dos contratos administrativos por ela

---

NETO, Caio Mario da Silva; PINHEIRO, Luís Felipe Valerim (Coord.). *Direito da Infraestrutura*. vol. 2. São Paulo: Saraiva-FGV Direito SP, 2017, p. 129.

regidos, a qual, de acordo com seu art. 105, deve levar em consideração a disponibilidade de créditos orçamentários e a previsão no plano plurianual, quando ultrapassar um exercício financeiro.

Quanto aos serviços – e, agora, fornecimentos, incluídos aluguéis de equipamentos – contínuos, seus prazos podem chegar a cinco anos, desde que, consoante previsão do art. 106, a autoridade competente do órgão ou entidade contratante atestar a maior vantagem econômica vislumbrada em razão da contratação plurianual; a Administração atestar, no início da contratação e de cada exercício, a existência de créditos orçamentários vinculados à contratação e a vantagem em sua manutenção; e, por fim, a Administração resguardar a opção de extinguir o contrato, sem ônus, quando não dispuser de créditos orçamentários para sua continuidade ou quando entender que o contrato não mais lhe oferece vantagem, ocasião em que a extinção ocorrerá apenas na próxima data de aniversário do contrato e não poderá ocorrer em prazo inferior a 2 (dois) meses, contado da referida data.

Determinados contratos administrativos poderão chegar ao prazo de 10 anos (art. 108), tais como aqueles, por dispensa de licitação, que possuam por objeto bens ou serviços produzidos ou prestados no país que envolvam, cumulativamente, alta complexidade tecnológica e defesa nacional, além daqueles que versem sobre a aquisição de materiais de uso das Forças Armadas, com exceção de materiais de uso pessoal e administrativo, quando houver necessidade de manter a padronização requerida pela estrutura de apoio logístico dos meios navais, aéreos e terrestres, mediante autorização por ato do comandante da força militar.

Também poderão ser submetidos ao referido prazo decenal os contratos que, por dispensa de licitação, versem sobre o estímulo à construção de ambientes especializados e cooperativos de inovação, nos termos dispostos nos arts. 3º, 3º-A, 4º, 5º e 20 da Lei n. 10.973/2004; contratação que possa acarretar comprometimento da segurança nacional, nos casos estabelecidos pelo Ministro de

Estado da Defesa, mediante demanda dos comandos das Forças Armadas ou dos demais ministérios; contratação em que houver transferência de tecnologia de produtos estratégicos para o Sistema Único de Saúde (SUS), conforme elencados em ato da direção nacional do SUS, inclusive por ocasião da aquisição desses produtos durante as etapas de absorção tecnológica, e em valores compatíveis com aqueles definidos no instrumento firmado para a transferência de tecnologia; e, por fim, para aquisição, por pessoa jurídica de Direito público interno, de insumos estratégicos para a saúde produzidos por fundação que, regimental ou estatutariamente, tenha por finalidade apoiar órgão da Administração Pública direta, sua autarquia ou fundação em projetos de ensino, pesquisa, extensão, desenvolvimento institucional, científico e tecnológico e de estímulo à inovação, inclusive na gestão administrativa e financeira necessária à execução desses projetos, ou em parcerias que envolvam transferência de tecnologia de produtos estratégicos para o SUS e que tenha sido criada para esse fim específico em data anterior à entrada em vigor desta Lei, desde que o preço contratado seja compatível com o praticado no mercado.

Outras exceções que dilatam sobremaneira os contratos do regime básico de contratações públicas estão previstas no art. 109 da Lei n. 14.133/2021, que prevê prazo indeterminado para contratos em que a Administração seja usuária de serviço público oferecido em regime de monopólio, e no art. 110, segundo o qual, na contratação que gere receita e no contrato de eficiência que gere economia para a Administração, os prazos serão de até 10 (dez) anos, nos contratos sem investimento, e, ainda, de até 35 (trinta e cinco) anos, nos contratos com investimento, assim considerados aqueles que impliquem a elaboração de benfeitorias permanentes, realizadas exclusivamente a expensas do contratado, que serão revertidas ao patrimônio da Administração Pública ao término do contrato.

Por fim, quanto aos contratos de escopo, o art. 111 da Lei n. 14.133/2021 prevê que o prazo de vigência será automaticamente prorrogado quando seu objeto não for concluído no período firmado no contrato. Quanto ao contrato firmado sob o regime de fornecimento e prestação de serviço associado, ele terá sua vigência máxima definida pela soma do prazo relativo ao fornecimento inicial ou à entrega da obra com o prazo relativo ao serviço de operação e manutenção, este limitado a 5 (cinco) anos contados da data de recebimento do objeto inicial, autorizada a prorrogação (art. 113). Já o contrato cujo objeto versar sobre operação continuada de sistemas estruturantes de tecnologia da informação, ele poderá ter vigência máxima de 15 (quinze) anos (art. 114).

Outros aspectos dos referidos modelos contratuais que são distintos em ambos os regimes são verificados quanto à contraprestação, rescisão contratual por interesse público (pressupõe lei autorizativa e indenização prévia, consoante art. 37 da Lei n. 8.987/1995) e reversibilidade de bens, que descabe falar no regime básico de contratações.

A contraprestação nos contratos regidos pela Lei n. 8.666/1993 pressupõe que o particular contratado arque, com recursos próprios, pela prestação do serviço ou da obra, sendo vedada, inclusive, a obtenção de recursos financeiros para sua execução (art. 7°, §3°, Lei n. 8.666/1993). Apenas posteriormente aos desembolsos e respectiva execução e precedida de medição, é que haverá o adimplemento público, às custas, exclusivamente, de dotação orçamentária (art. 7°, § 2°, inciso III e art. 40, inciso XIV, ambos da Lei n. 8.666/1993). Por outro lado, os contratos regidos pela Lei n. 8.987/1995 ocorre por meio da cobrança de tarifas dos usuários (art. 9°, Lei n. 8.987/1995) e, ainda, através de fontes de receitas alternativas, complementares, acessórias ou de projetos associados (art. 11, Lei n. 8.987/1995).

O objeto dos distintos modelos contratuais – aquele regido pela Lei n. 8.666/1993, bem como por sua sucessora, a Lei n. 14.133/2021, e aquele consubstanciado na Lei n. 8.987/1995 – é um aspecto essencial que distingue ambos os modelos contratuais. Além do mais, o mecanismo de contraprestação do particular contratado é distinto em ambos os modelos. No primeiro modelo, a remuneração é decorrente de desembolso direto do Estado, ao passo que no segundo formato ela ocorre pela própria exploração do serviço, admitida, inclusive, outras fontes provenientes de receitas alternativas, complementares, acessórias ou de projetos associados (art. 11 da Lei n. 8.987/1995). No caso de parcerias público-privadas, a participação do Estado assume condições particularmente destacadas no cenário de viabilização econômico-financeira do projeto.

Veja-se, portanto, as relevantes especificidades das concessões de serviço público, ao passo que a Lei n. 8.666/1993, bem como a espécie normativa que lhe sucederá, qual seja a Lei n. 14.133/2021, versa, exclusivamente, sobre aquisições em geral da Administração Pública, cabendo ao particular contratado a execução das decisões administrativas precisamente delimitadoras da prestação dos serviços.[184] Consideradas referidas distinções, ambos os modelos contratuais possuem indesejáveis aproximações, o que trataremos, no presente estudo, em três aspectos: alteração contratual, equilíbrio econômico-financeiro e prorrogação.

A Lei n. 8.666/1993 possui detalhado regramento relativo às alterações dos contratos por ela regidos. Admite-se a alteração unilateral nas hipóteses em que houver modificação do projeto e, ainda, em razão de acréscimo ou diminuição quantitativa de seu objeto (art. 65, inciso I, Lei n. 8.666/1993), desde que em até 25% do valor do contrato (art. 65, § 1º, Lei n. 8.666/1993). Referido limite é ampliado para 50% para as hipóteses de reforma (art. 65, § 1º, Lei n. 8.666/1993). Reafirmando referido limite, o § 2º do mesmo dispositivo prevê que nenhum acréscimo ou supressão poderá excedê-los, salvo se por acordo entre as partes.

---

184 CÂMARA, Jacintho Arruda. "Contratações públicas para projetos de infraestrutura". *In*: MARCATO, Fernando S.; ENGLER PINTO JUNIOR, Mario (Coord.). *Direito da Infraestrutura*. vol. 1. São Paulo: Saraiva-FGV Direito SP, 2017, pp. 62/63.

A Lei n. 14.133/2021 dispõe sobre a alteração dos contratos por ela regidos nos arts. 124 a 136. O contrato pode ser alterado unilateralmente pela Administração quando houver modificação do projeto ou das especificações para melhor adequação técnica a seus objetivos e quando for necessária a modificação do valor contratual em decorrência de acréscimo ou diminuição quantitativa de seu objeto (art. 124, inciso I, Lei n. 14.133/2021). Nesses casos, o particular contratado é obrigado a aceitar, nas mesmas condições contratuais, acréscimos ou supressões de até 25% (vinte e cinco por cento) do valor inicial atualizado do contrato que se fizerem nas obras, nos serviços ou nas compras, e, no caso de reforma de edifício ou de equipamento, o limite para os acréscimos será de 50% (cinquenta por cento), consoante previsão do art. 125 da Lei n. 14.133/2021. Ademais, por uma obviedade, não pode ser transfigurado o objeto da contratação (art. 126 da Lei n. 14.133/2021).

O contrato pode ser alterado bilateralmente quando conveniente a substituição da garantia de execução; quando necessária a modificação do regime de execução da obra ou do serviço, bem como do modo de fornecimento, em face de verificação técnica da inaplicabilidade dos termos contratuais originários; quando necessária a modificação da forma de pagamento por imposição de circunstâncias supervenientes, mantido o valor inicial atualizado e vedada a antecipação do pagamento em relação ao cronograma financeiro fixado sem a correspondente contraprestação de fornecimento de bens ou execução de obra ou serviço; e, ainda, para restabelecer o equilíbrio econômico-financeiro inicial do contrato em caso de força maior, caso fortuito ou fato do príncipe ou em decorrência de fatos imprevisíveis ou previsíveis de consequências incalculáveis, que inviabilizem a execução do contrato tal como pactuado, respeitada, em qualquer caso, a repartição objetiva de risco estabelecida no contrato (art. 124, inciso II, Lei n. 14.133/2021).

Já com relação à contratação integrada ou semi-integrada, é vedada a alteração dos valores contratuais, exceto nos seguintes casos: para restabelecimento do equilíbrio econômico-financeiro decorrente de caso fortuito ou força maior; por necessidade de alteração do projeto ou das especificações para melhor adequação técnica aos objetivos da contratação, a pedido da Administração, desde que não decorrente de erros ou omissões por parte do contratado, observados os limites legais; por necessidade de alteração do projeto nas contratações semi-integradas; e, ainda, por ocorrência de evento superveniente alocado na matriz de riscos como de responsabilidade da Administração (art. 133 da Lei n. 14.133/2021).

A Lei n. 8.987/1995 é pouco específica quanto às hipóteses de alteração dos seus contratos. Há apenas uma referência no sentido de que, havendo alteração unilateral do contrato que afete o seu inicial equilíbrio econômico-financeiro, o Poder Concedente deverá restabelecê-lo, concomitantemente à alteração (art. 9º, § 4º, Lei n. 8.987/1995).

As demais previsões reafirmam a necessidade de manutenção da prestação de um serviço adequado (art. 6º, Lei n. 8.987/1995), razão pela qual é previsto que são cláusulas essenciais do contrato de concessão as relativas aos direitos, garantias e obrigações do Poder Concedente e da concessionária, inclusive os relacionados às previsíveis necessidades de futura alteração e expansão do serviço e consequente modernização, aperfeiçoamento e ampliação dos equipamentos e das instalações (art. 23, inciso V, Lei n. 8.987/1995). A Lei n. 11.079/2004 também não possui maiores detalhamentos com relação à referida matéria. Veja-se, portanto, que em ambos os regimes contratuais as regras relativas à alteração dos contratos se submetem aos mesmos princípios.

Destaque-se que o limite de 25% é referido pelo art. 11-A da Lei n. 11.445/2007, na redação realizada pela recente alteração legislativa, no sentido de que, na hipótese de prestação dos serviços públicos de saneamento mediante contrato, o prestador dos serviços poderá, alternativamente à licitação para celebração de parceria público-privada, subdelegar o objeto contratado em até 25% do valor do contrato, desde que realizada licitação e comprovados os benefícios para o serviço público. Trata-se de uma influência da Lei n. 8.666/1993.

A aplicação subsidiária da Lei n. 8.666/1993 às concessões de serviço público, prevista no seu art. 124, impõe cautelas na indiscriminada adoção do regime geral. Em outras palavras, a previsão de aplicação, aos contratos de concessão de serviço público, das regras do regime geral, desde que "não conflitem com a legislação específica sobre o assunto", impõe cautelas.

Por essa razão, deve-se tutelar o particular contratado que assumiu elevados investimentos para operacionalizar a prestação de um serviço público por meio da recorrência ao já citado art. 9º, § 4º, da Lei n. 8.987/1995, dispositivo que impõe a concomitante recomposição do equilíbrio econômico-financeiro das concessões de serviço público sempre que houver alteração unilateral. Portanto, ainda que alteração seja unilateral, é inegável que a recomposição do equilíbrio econômico-financeiro pressupõe bilateralidade. Em suma, para as concessões de serviço público, independentemente da extensão percentual da alteração, impõe-se a regra da bilateralidade.

Para avaliar a licitude de alterações ao contrato administrativo, costuma-se distinguir suas cláusulas em econômico-financeiras ou propriamente contratuais e de execução, regulamentares ou de serviço.[185] Ainda que se admita a alteração unilateral das últimas,[186] as primeiras não são modificáveis por ato unilateral da Administração Pública.

As cláusulas de execução, regulamentares ou de serviço disciplinam o modo do atendimento do interesse público que motivou a celebração do contrato, cuidando da sua execução. Referidas

---

185 JUSTEN FILHO, Marçal. *Concessões de serviços públicos*: comentários às leis ns. 8.987 e 9.074, de 1995. São Paulo: Dialética, 1995, p. 250.

186 ARAGÃO, Alexandre dos Santos. *Direito dos serviços públicos*. Rio de Janeiro: Forense, 2008, p. 632.

cláusulas disciplinam o conteúdo das prestações, o tipo de sua execução, os padrões de qualidade, os limites qualitativos e quantitativos e outras características da atividade em que se materializa a prestação do serviço público.[187] É nesse campo que se manifesta o regime público próprio dos contratos administrativos, admitindo-se que a Administração Pública altere tais cláusulas para adequá-las às necessidades mutáveis do interesse público.

As cláusulas econômico-financeiras, contratuais em sentido estrito ou propriamente contratuais são aquelas que veiculam o aspecto negocial do ato firmado entre as partes e dizem respeito, sobretudo, ao equilíbrio econômico-financeiro do contrato e à remuneração devida ao contratado. Tais cláusulas procuram protegem o particular e o sentido econômico do ajuste ao qual ele aderiu e, por isso, não podem ser modificadas unilateralmente pela Administração Pública.

Veja-se, portanto, que em linhas gerais as alterações em ambos os modelos contratuais não possuem relevantes distinções. Ao contrário, em ambos os casos nos parece que as alterações, salvo a regra da bilateralidade prevista exclusivamente para os contratos comuns, se submetem, essencialmente, à regra segundo a qual deve ser preservado o objeto da avença nos moldes originalmente licitados, sob pena de violação ao princípio constitucional da licitação (art. 37, inciso XXI, da Constituição).

Assim considerando, pode-se concluir que os acordos de vontade estabelecidos entre o Poder Público e os particulares marcam-se pela consensualidade e pela vinculação isonômica para ambos os contratantes.[188] Ainda assim, ambos os modelos contratuais aqui estudados possuem especificidades que marcam,

---

187 JUSTEN FILHO, Marçal. *Teoria geral das concessões de serviço público*. São Paulo: Dialética, 2003, p. 441.

188 BANDEIRA DE MELLO, Celso Antônio. *Curso de direito administrativo*. São Paulo: Malheiros, 2009, p. 626.

sobretudo, a possibilidade de a Administração Pública modificar o vínculo estabelecido entre ela e o particular,[189] mas desde que sejam observados parâmetros muitos estritos.[190]

Assim é que a alteração dos contratos administrativos aqui estudados justifica-se apenas em situações excepcionais,[191] caso contatada a inadequação da concepção original da avença e a realização do interesse público perseguido. E ambos os casos, a alteração não é incondicionada: possui limites expressamente estabelecidos em lei,[192] os quais podem ser resumidos na necessidade de manutenção da identidade do objeto da avença[193] e no respeito aos interesses patrimoniais legítimos do particular contratante com o Poder Público.

Em outras palavras, seja qual for a natureza da alteração contratual ou mesmo do respectivo modelo contratual, deve ser obedecida a regra da imutabilidade da estrutura fundamental de seu objeto, tal como licitado, decorrência imediata do princípio da obrigatoriedade da licitação, que acompanha o princípio da vinculação da contratação às condições do instrumento convocatório.[194]

---

189 MEDAUAR, Odete. *Direito administrativo moderno*. São Paulo: Revista dos Tribunais, 2009, p. 219.

190 BANDEIRA DE MELLO, Celso Antônio. *Curso de direito administrativo*. São Paulo: Malheiros, 2009, p. 627.

191 Conforme destaca Celso Antônio Bandeira de Mello "essas modificações só se justificam perante circunstâncias específicas verificáveis em casos concretos, quando eventos supervenientes, fatores invulgares, anômalos, desconcertantes de sua previsão inicial, vêm a tornar inalcançável o bom comprometimento do escopo que o animara, sua razão de ser, seu 'sentido', a menos que, para satisfatório atendimento do interesse público, se lhe promovam alterações". BANDEIRA DE MELLO, Celso Antônio. *Curso de direito administrativo*. São Paulo: Malheiros, 2009, p. 639.

192 GASPARINI, Diógenes. *Direito administrativo*. São Paulo: Saraiva, 2006, p. 694.

193 DI PIETRO, Maria Sylvia Zanella. *Direito administrativo*. São Paulo: Atlas, 2010, p. 269.

194 CARVALHO FILHO, José dos Santos. *Manual de Direito Administrativo*. Rio de Janeiro: Atlas, 2019, p. 267.

As especificidades do contrato administrativo tendem a desestabilizar a relação contratual. Por essa razão, garante-se ao particular o resguardo de seus interesses patrimoniais legítimos. Como compensação às prerrogativas de que dispõe a Administração Pública, assegura-se a manutenção do equilíbrio econômico-financeiro do contrato, que parte do pressuposto de que a retribuição despendida pela Administração Pública equivalerá aos encargos do contratado.

Ou seja, em função das obras e serviços a cargo do contratado é estabelecido o equilíbrio econômico-financeiro do ajuste e sua remuneração ao longo do contrato, consoante previsões do art. 37, inciso XXI, da Constituição da República; do art. 9º, § 2º e § 4º, e art. 10, todos da Lei n. 8.987/95; e do art. 57, § 1º, art. 58, § 1º e § 2º, e no art. 65, inciso II, alínea "d", todos da Lei n. 8.666/1993.

Preceitua Alexandre dos Santos Aragão que os contratos administrativos possuem uma salvaguarda contra a instabilidade que não há nos contratos privados, proteção essa baseada na incolumidade da equação econômico-financeira inicial do contrato, que deve ser mantida diante de quaisquer fatos que alterem os seus elementos constitutivos, excetuando-se as alterações decorrentes de fatos previsíveis, inerentes à própria álea da economia e que nada tenham a ver com a atuação do Estado.[195]

Do mesmo modo, assinala Odete Medauar que "o equilíbrio econômico-financeiro significa a proporção entre os encargos do contratado e a sua remuneração, proporção esta fixada no momento da celebração do contrato".[196] Egon Bockmann Moreira, do mesmo modo, pontua que o equilíbrio econômico-financeiro "significa a posição estável do projeto do concessionário no que

---

195 ARAGÃO, Alexandre Santos de. *Direito dos serviços públicos*. Rio de Janeiro: Forense, 2008, p. 635.

196 MEDAUAR, Odete. *Direito administrativo moderno*. São Paulo: Revista dos Tribunais, 2009, p. 220.

respeita à administração de seus recursos materiais (economia) e ao capital disponível para tanto (finanças)".[197]

Com efeito, o equilíbrio ou equação econômico-financeira do contrato envolve uma relação – estabelecida pelas próprias partes contratantes no momento da conclusão do contrato – entre um conjunto de direitos e de encargos de ambas as partes, que pareceram equivalentes. Desde então, esta equivalência não mais pode ser alterada.[198] A equação econômico-financeira do contrato configura-se como verdadeira garantia para o contratante. Rompido o equilíbrio econômico-financeiro do contrato, nasce para ele o direito à compensação integral dos prejuízos suportados,[199] bem como dos lucros cessantes.[200]

O art. 65, inciso II, alínea "d", da Lei n. 8.666/1993 prevê que o contrato administrativo poderá ser alterado bilateralmente para restabelecer a relação que as partes pactuaram inicialmente entre os encargos do contratado e a retribuição da administração para a justa remuneração da obra, serviço ou fornecimento, objetivando a manutenção do equilíbrio econômico-financeiro inicial do contrato sempre que sobrevirem fatos imprevisíveis, ou previsíveis porém de consequências incalculáveis, retardadores ou impeditivos da execução do ajustado, ou, ainda, em caso de força maior, caso fortuito ou fato do príncipe, configurando álea econômica extraordinária e extracontratual. Ou seja, deve-se aferir, inicialmente, a concretização de um evento posterior ao

---

197 MOREIRA, Egon Bockmann. *Direito das concessões de serviço público*: inteligência da Lei n. 8.987/1995 (parte geral). São Paulo: Malheiros, 2010, p. 387.

198 BANDEIRA DE MELLO, Celso Antônio. *Curso de direito administrativo*. São Paulo: Malheiros, 2009, p. 710.

199 PEREIRA JUNIOR, Jessé Torres. *Comentários à lei de licitações e contratações da Administração Pública*. Rio de Janeiro: Renovar, 2003, p. 595.

200 JUSTEN FILHO, Marçal. *Teoria geral das concessões de serviço público*. São Paulo: Dialética, 2003, p. 609.

pactuado inicialmente que cause o agravamento da posição das partes na relação negocial.[201]

Por sua vez, a Lei n. 8.987/1995 prevê que sempre que forem atendidas as condições do contrato, considera-se mantido seu equilíbrio econômico-financeiro (art. 10); que a revisão das tarifas deve ser promovida com vistas à manutenção do equilíbrio econômico-financeiro do contrato (art. 9º, § 2º) e, por fim, havendo alteração unilateral do contrato que afete o seu inicial equilíbrio econômico-financeiro, o Poder Concedente deverá restabelecê-lo, concomitantemente à alteração (art. 9º, § 2º).

Veja-se, portanto, que em ambos os modelos contratuais os eventos geradores de desequilíbrio são os mesmos, variando apenas as metodologias de avaliação da extensão e dos mecanismos de recomposição, os quais impõem regramento próprio, isso tendo em vista as especificidades dos contratos de concessão.

Com efeito, além da "incompletude reforçada",[202] a ensejar, em tese, a incidência de maiores fatores de instabilização da sua equação econômico-financeira, os contratos de concessão de serviço público, especialmente em razão dos elevados investimentos e prazos longos de amortização, impõem procedimentos que escapam da mera relação encargos-remuneração, comum na Lei n. 8.666/1993 e na sua sucessora, a Lei n. 14.133/2021. Ao contrário, consoante como bem destacado por Egon Bockmann Moreira, é preciso cotejar o montante dos investimentos, o fluxo de caixa

---

201 Para Marçal Justen Filho, "o restabelecimento da equação econômico-financeira depende da concretização de um evento posterior à formulação da proposta, identificável como causa do agravamento da posição do particular". (JUSTEN FILHO, Marçal. *Comentários à lei de licitações e contratos administrativos*. São Paulo: Dialética, 2012, p. 890).

202 MOREIRA, Egon Bockmann. *Direito das concessões de serviço público*: inteligência da Lei n. 8.987/1995 (parte geral). São Paulo: Malheiros, 2010, p. 389.

projetado, o cronograma de desembolsos, as variações de receita e, ainda, o custo de remuneração do capital.[203]

Entretanto, ainda que relevantes, tais aspectos não definem um regime jurídico, não sendo capazes, de, por si só, distinguirem ambos os modelos contratuais. Em outras palavras, o regime de reequilíbrio econômico-financeiro dos contratos regidos pela Lei n. 8.666/1993 – e, consequentemente, a recente Lei n. 14.133/2021 – e pela Lei n. 8.987/95 não se distinguem juridicamente já que nos deparamos com os mesmos fatos geradores de desequilíbrio, sendo que os demais fatores, extrajurídicos que são, não são aptos a isolar um conjunto de princípios e regras próprios. As especificidades residentes, por exemplo, quanto ao modo de recomposição – por exemplo, extensão de prazo contratual, comum às concessões – é um elemento externo e atrelado à teoria econômica que não define um regime jurídico específico, decorrendo, apenas, das características do referido modelo contratual. Talvez por essa razão, Egon Bockmann Moreira afirmou, ao tratar do equilíbrio econômico--financeiro das concessões de serviço público, que

> (...) o dever estatutário [consistente no respeito ao reequilíbrio] é idêntico àquele dos demais contratos administrativos, mas há um número mais elevado de elementos e diferentes formas de inter-relação.[204]

Realizadas referidas ressalvas, a questão essencial que se coloca é que é fundamental que, valendo-se da previsão do art. 10 da Lei n. 8.987/1995, segundo a qual, sempre que forem atendidas as condições do contrato, considera-se mantido seu equilíbrio

---

203 MOREIRA, Egon Bockmann. *Direito das concessões de serviço público*: inteligência da Lei n. 8.987/1995 (parte geral). São Paulo: Malheiros, 2010, p. 400.

204 MOREIRA, Egon Bockmann. *Direito das concessões de serviço público*: inteligência da Lei n. 8.987/1995 (parte geral). São Paulo: Malheiros, 2010, p. 400.

econômico-financeiro, sejam entabuladas regras contratuais à altura da complexidade das concessões de serviço público. As vetustas classificações doutrinárias relativas aos fatos geradores de desequilíbrio não se amoldam, à plenitude, às sofisticadas modelagens contratuais das concessões de serviço público.

É preciso mecanismos contratuais que preservem a equação econômico-financeira dos contratos ou a recomponham ordinariamente, relegando a teoria do reequilíbrio às situações em que não é razoavelmente possível antevê-las ou tratar-lhes ordinariamente. Ademais, para além das classificações entre as áleas "ordinária empresarial", risco previsível e comum ao próprio ato de empresa, e "econômica", que se amoldaria à teoria da imprevisão,[205] é preciso que o contrato administrativo preveja, de forma razoavelmente exaustiva, as hipóteses que as condições contratuais mostrar-se-iam rompidas.

O mesmo raciocínio é extensível à "álea administrativa", comumente categorizada em alteração unilateral, "fato do príncipe" e "fato da Administração". Também com relação a tais aspectos, é fundamental que o contrato, razoavelmente, esmiúce as possíveis intercorrências e inclusive à luz de uma alocação de riscos que leve em consideração quem pode melhor internalizá-lo, redefina a matriz de responsabilidades de forma distinta daquela usualmente enquadrada pela categorização apresentada.

A Lei n. 8.666/1993 prevê a prorrogação dos contratos por ela regidos no art. 57, inciso I, que trata da exceção à regra do prazo contratual adstrito à vigência do crédito orçamentário que lhe lastreie, admitida quando prevista no Plano Plurianual. Prevê-se que tais contratos podem ser "prorrogados se houver interesse da Administração e desde que isso tenha sido previsto no ato convocatório".

---

205 DI PIETRO, Maria Sylvia Zanella. *Direito administrativo*. São Paulo: Atlas, 2010, p. 286.

Ademais, o inciso II do mesmo dispositivo, ao tratar dos contratos cujo objeto compreende a prestação de serviços contínuos, os quais também se submetem à exceção à regra do prazo contratual adstrito à vigência do crédito orçamentário que lhe lastreie. Prevê-se que tais contratos "poderão ter a sua duração prorrogada por iguais e sucessivos períodos com vistas à obtenção de preços e condições mais vantajosas para a administração, limitada a sessenta meses". Nesse caso, prevê-se que o prazo poderá ser prorrogado por até doze meses, desde que "em caráter excepcional, devidamente justificado e mediante autorização da autoridade superior" (art. 57, § 4º). Para ambas as hipóteses, o § 2º do art. 57 prevê que toda prorrogação de prazo deverá ser justificada e previamente autorizada pela autoridade competente para celebrar o contrato.

A Lei n. 14.133/2021 manteve a previsão de possibilidade prorrogação dos contratos por ela regidos, sendo elemento obrigatório do termo de referência a definição do prazo do contrato, bem como a possibilidade de sua prorrogação (art. 6º, inciso XXIII, alínea "a") e, ainda, instituindo regras expressas no sentido de que, com relação aos contratos de serviços e fornecimentos contínuos, eles poderão ser prorrogados sucessivamente, respeitada a vigência máxima decenal, mas desde que haja previsão em edital e que a autoridade competente ateste que as condições e os preços permanecem vantajosos para a Administração, permitida a negociação com o contratado ou a extinção contratual sem ônus para qualquer das partes (art. 107).

A prorrogação dos contratos de concessão está prevista no art. 175, parágrafo único, inciso I, da Constituição, ao passo que a Lei n. 8.987/1995 a ela faz referência no seu art. 22, inciso XII. A prorrogação, em ambos os modelos contratuais, decorreria da expedição de ato administrativo no exercício de competência discricionária, assim entendidos aqueles em que, consoante lições de Celso Antônio Bandeira de Mello,

> a disciplina legal faz remanescer em proveito e a cargo do administrador uma certa esfera de liberdade, perante o quê

> caber-lhe-á preencher com seu juízo subjetivo, pessoal, o campo de indeterminação normativa, a fim de satisfazer no caso concreto a finalidade da lei.[206]

Por outro lado, os atos administrativos exercidos no exercício de competência vinculada decorrem das hipóteses em que a norma a ser implementada

> prefigura antecipadamente com rigor e objetividade absolutos os pressupostos requeridos para prática do ato e o conteúdo que este obrigatoriamente deverá ter uma vez ocorrida a hipótese legalmente prevista.[207]

Nesse caso, só existe uma decisão possível.

O sistema normativo impõe ao exercício da função administrativa a adoção, em cada caso concreto, da providência capaz de atender, com absoluta precisão, a finalidade que inspirou a edição da regra ou do princípio. Por essa razão, a multiplicidade das circunstâncias fáticas impõe a necessidade de se conceder ao administrador público a possibilidade de eleger, em cada caso concreto, a medida idônea para atingir a finalidade legal e, assim, atender, excelentemente, ao interesse público.[208]

Entretanto, isso não quer dizer que todas as soluções sejam igual e indiferentemente adequadas. Ainda que, abstratamente, sejam admitidas diversas soluções, isso não significa que a regra outorgadora de discricionariedade tenha conferido, obrigatoriamente,

---

206 BANDEIRA DE MELLO, Celso Antônio. *Curso de direito administrativo*. São Paulo: Malheiros, 2009, pp. 951/952.

207 BANDEIRA DE MELLO, Celso Antônio. *Curso de direito administrativo*. São Paulo: Malheiros, 2009, p. 951.

208 BANDEIRA DE MELLO, Celso Antônio. *Curso de direito administrativo*. São Paulo: Malheiros, 2009, p. 952.

aceitabilidade a qualquer uma delas. É preciso que seja adotada a melhor solução possível.

Em outras palavras, a variedade de soluções possíveis no plano abstrato não leva, necessariamente, à conclusão de que todas as soluções sejam adequadas. Ao contrário, o sistema normativo impõe que seja adotada a solução que, de forma excelente, atenda ao interesse público. Em suma: ainda que, no plano abstrato, haja alguma indeterminação que permita o administrador público, em tese, editar atos administrativos no exercício de competência discricionária, isso não significa que, no caso concreto, subsistirá, necessariamente, margem para escolhas.

Assim considerando, não nos parece remanescer alternativas igualmente aceitáveis em sede de prorrogação de contratos administrativos, a qual deve, à luz do princípio da eficiência, sempre deve ser cotejada com o dever de licitar. Especificamente com relação às concessões de serviço público, a amortização dos investimentos no prazo contratual originalmente licitado tende a permitir economicidade por meio de eventual prorrogação contratual, isso através da repactuação de obrigações contratuais e renegociação tarifária. De todo modo, nos parece recomendável cotejar a vantajosidade da prorrogação à luz de eventual atratividade de uma licitação. A mesma questão se coloca quanto aos contratos regidos pela Lei n. 8.666/1993 e Lei n. 14.133/2021, a qual, especialmente do objeto relativamente singelo e menor assimetria de informação, tende a viabilizar o contraste em ambas as alternativas consistentes em prorrogar o contrato ou promover a licitação.

Especialmente em razão da natureza das atividades objeto de concessão, que exige elevados investimentos privados para a sua execução, referidos contratos administrativos exigem regras que tragam segurança jurídica de retorno, o que costuma ocorrer através de amortizações ao longo de prazos relativamente longos e de critérios de reajustamento adequado à realidade econômica. Por essa razão é que se deve tutelar o particular contratado que assumiu elevados investimentos para operacionalizar a prestação de um serviço público.

Mais especificamente, uma concessão de serviço público é estruturada por uma complexa matriz de responsabilidades recíprocas, incluídos investimentos, especialmente nos primeiros anos de execução, e respectivas amortizações. Portanto, contratos dessa natureza não se estruturam através de uma singela relação entre serviços prestados e objeto de contraprestação, entre saídas e entradas, entre encargos e receitas isoladamente consideradas mês a mês.

A modelagem contratual, bem como os aspectos econômico-financeiros, é responsável pela própria sustentabilidade do projeto público em regime de concessão. Deve-se levar em consideração complexas variáveis relativas a, exemplificativamente, montante de investimentos realizados e por realizar, fluxo de caixa projetado, cronograma de desembolsos, variações de receita, o custo de remuneração do capital e o índice de correção contratual.

A amortização por desembolsos já realizados e por remunerar compreende enlaces de diversas variáveis, dentre os quais se incluem a capacidade do índice contratual em preservar a expressão econômica dos encargos, isso tudo em nome da estabilidade da relação contratual, de modo que o interesse público seja plenamente alcançado.

Nesses termos, o atendimento do interesse público através de um contrato de concessão possui relação direta e imediata com as legítimas expectativas patrimoniais dela decorrentes, isso na medida em que a iniciativa privada, mais que uma mera executora do projeto público, envida sua *expertise* e recursos próprios, os quais devem ser amortizados ao longo do tempo.

A manutenção das condições efetivas da proposta, bem como das legítimas expectativas patrimoniais da concessionária, deve ocorrer pela preservação, ao longo de toda execução contratual, da equivalência entre as recíprocas obrigações contratuais. Nesse cenário, a Lei n. 8.987/1997, no seu art. 18, inciso VIII, prevê ser regra obrigatória dos editais de licitação a definição dos critérios de reajuste e revisão da tarifa. Ademais, o art. 23, inciso IV, da mesma espécie normativa prevê ser cláusula essencial do contrato de concessão as relativas ao preço do serviço e aos critérios e procedimentos para o reajuste e a revisão das tarifas.

Do mesmo modo, a Lei n. 8.666/1993, no seu art. 40, inciso XI, também estabelece ser regra obrigatória dos editais de licitação a definição do critério de reajuste, o qual deverá retratar a variação efetiva do custo de produção desde a data prevista para apresentação da proposta, ou do orçamento a que essa proposta se referir, até a data do adimplemento de cada parcela.

Na medida em que, em razão de eventos extraordinários posteriores à apresentação da proposta, o critério de reajuste contratual deixar de retratar a variação efetiva dos custos, nascerá o direito da concessionária à revisão do contrato para fixar um índice aderente às novas condições, bem como para fins de preservação da equivalência entre as obrigações da concessionária e sua justa remuneração. Nesse sentido, destaque-se o entendimento de Celso Antônio Bandeira de Mello:

> Parece claro a todas as luzes que nestes casos a intenção traduzida no ajuste é a de buscar equivalência real entre as prestações e o preço. Em suma: o acordo de vontades, no que atina à equação econômico-financeira, em interpretação razoável, só pode ser entendido como o de garantir o equilíbrio correspondente ao momento do acordo, de sorte a assegurar sua persistência, prevenindo-se destarte o risco de que contingências econômicas alheias à ação dos contratantes escamoteiem o significado real das prestações recíprocas. Os contratos administrativos reportam-se a índices oficiais que deverão reproduzir a real modificação deles. Admitindo-se por hipótese que tais índices não reflitam a realidade econômica, prejudicado estaria o equilíbrio pactuado e, portanto, o fim pretendido por tal tipo de cláusula. Assim

> sendo, mesmo já havendo previsão de índices de reajuste, se a situação econômica sofrer variações e essa realidade não se refletir no preço, de maneira a garantir a sua equivalência com as prestações, o contratado terá direito de revisão do contrato por força da teoria da imprevisão. A nosso ver, caberia inclusive a modificação do índice de reajuste, caso, fundamentadamente, seja demonstrada a sua incompatibilidade com as variações reais da economia. Isso porque a cláusula de reajuste é um meio estabelecido para se alcançar um fim e não se justifica a sua manutenção se este não é alcançado.[209]

Veja-se, portanto, que o autor é enfático em concluir que, à luz da teoria da imprevisão, o particular contratado terá o direito à revisão do contrato sempre que o índice de reajuste contratual for incapaz de refletir a justa remuneração, isso em razão da sua incapacidade em acompanhar as variações econômicas.

3.7 Diálogos entre modelos de contratos públicos: a implantação imperfeita das concessões de serviços públicos e seus reflexos para o saneamento

Costuma-se afirmar que o Direito brasileiro instituiu diversas modalidades de contratações públicas, bem como de distintos regimes jurídicos informadores da relação contratual entre a Administração direta do Estado[210] e os particulares. Assim, possuiríamos, em linhas gerais, um regime consubstanciado na Lei n. 8.666/1993 e agora na Lei n. 14.133/2021, comum e supletivo e,

209 BANDEIRA DE MELLO, Celso Antônio. *Curso de Direito Administrativo*. São Paulo: Malheiros, 2005, p. 614.

210 No âmbito da Administração indireta do Estado destaque-se o regime de contratação instituído pela Lei n. 13.303/2016, relativo às empresas públicas e sociedades de economia mista.

ainda, modelos específicos para concessão e permissão da prestação de serviços públicos (Lei n. 8.987/1995), parcerias público-privadas (Lei n. 11.079/2004), aquisição de bens e serviços comuns (Lei n. 10.520/2002) e um regime diferenciado de contratações públicas (Lei n. 12.462/2011), os dois últimos agora amalgamados e substituídos pela Lei n. 14.133/2021.

Cotejados os aspectos essenciais dos modelos elencados, ainda que não possamos afirmar que haja apenas um regime único definido pela Lei n. 8.666/1993 e pela Lei n. 14.133/2021 que repercute, apenas com ligeiras diferenças, nos demais modelos de contratações, é inegável que há diálogos entre referido regime comum e modelos contratuais que demandariam soluções jurídicas específicas. Em outras palavras, possuímos distintos regimes jurídicos regedores da relação contratual. De todo modo, o regime definido pela Lei n. 8.666/1993 – ora substituído pela Lei n. 14.133/2021 – repercute, sobremaneira, nos demais modelos de contratações.

Por essa razão, demarcamos algumas aproximações que existem entre os contratos entabulados com fundamento na Lei n. 8.666/1993 ora substituído pela Lei n. 14.133/2021 e aqueles decorrentes da Lei n. 8.987/1995 e mesmo na Lei n. 11.079/2004. O realce de tais aproximações não visa ao reconhecimento de um regime jurídico único. Do mesmo modo, o propósito não está em concluir pela indiscriminada aplicação subsidiária da Lei n. 8.666/1993 e ora substituído pela Lei n. 14.133/2021 às concessões de serviço público, prevista no seu art. 123 da Lei n. 8.666/1993, o qual prevê que, aos contratos de concessão de serviço público, são aplicadas as regras do regime geral, desde que “não conflitem com a legislação específica sobre o assunto”, ao passo que o art. 189 da Lei n. 14.133/2021 prevê a sua aplicação subsidiária aos mesmos diplomas legais.

A convergência entre ambos os regimes contratuais é deletéria, haja vista, em especial, o objeto de ambos os modelos contratuais, que impõem regras específicas entabuladoras da relação contratual.

Por essa razão, é preciso elucidar as inadequadas aproximações entre ambos os modelos com vistas ao exercício de uma atividade legislativa que, efetivamente, institua regras distintivas especialmente em matéria de concessão dos serviços públicos de saneamento.

Em outras palavras, ainda que o regime jurídico das concessões de serviços públicos possua, inquestionavelmente, características específicas, tais como, exemplificativamente, reversibilidade de bens e extinção do ajuste, é preciso que questionemos a pouca criatividade no estabelecimento de modelagens regulatórias e contratuais, as quais, em muitos casos, sofrem forte influência de um regime geral de contratações destinado à aquisição de bens e serviços corriqueiros do Estado.

Especificamente com relação ao setor de saneamento, é inegável que o modelo de concessão comum ou mesmo através de parcerias público-privadas sofrem forte influência do citado regime geral de contratações do Estado. São de escassa sofisticação as previsões normativas e, por consequência, as modelagens contratuais das concessões de saneamento, tais como modelo de negócio, financiamento público e privado, matriz de riscos e equação econômico-financeira, contraprestação, universalização por resultado, licenciamento ambiental e subsídios cruzados para fins de mitigação do *cream-skimming* ou *cherry picking*.

Ao contrário, as concessões do serviço público de saneamento, ressalvado o mecanismo de contraprestação pela exploração do serviço, em muito se assemelham ao regime geral de contratos do Estado, em prejuízo da estabilidade que se espera conferir aos contratos que demandam elevados investimentos pela iniciativa privada e, consequentemente, instrumentos adequadamente formatados para conferir que as legítimas expectativas não sejam frustradas.

A recente Lei n. 14.133/2021, a nova Lei brasileira de licitações e contratos administrativos, previu, no seu art. 186, a aplicação subsidiária do modelo geral de licitações e contratos do Estado para as concessões comuns de serviço público e parcerias público-privadas

(PPPs), em nada modificou a regra da Lei n. 8.666/1993, o que acarretará a perpetuação da influência do regime geral de licitações e contratos administrativos para os projetos de infraestrutura que demandam elevados investimentos, financiamentos públicos e privados e mecanismos de estabilização de uma relação contratual suscetível, naturalmente, a intercorrências de diversas naturezas.

Costuma-se afirmar que o Direito brasileiro instituiu diversas modalidades de contratações públicas: um modelo comum, geral e supletivo e, ainda, modelos específicos para, em especial, concessões comuns e PPPs. Entretanto, são indesejáveis os diálogos entre o chamado regramento de licitações e contratos administrativos relativamente singelos quando comparados com modelagens contratuais viabilizadoras da prestação de serviços públicos.

Enquanto os contratos comuns exigem a delimitação de um escopo exaustivamente caracterizado, às concessões espera-se a descrição das condições para a prestação de um serviço público adequado e, no caso de obra, detalhamento de determinados elementos do projeto básico. A iniciativa privada é, no contexto de uma incompletude reforçada e de uma relativa mutabilidade contratual, uma parceira no projeto público cuja *expertise* é essencial para o êxito do empreendimento público.

Ademais, ao contrário de uma mera prestação de utilidade ao Estado, as concessões de serviço público inserem-se, inclusive, no contexto da admissibilidade de trespasse, à iniciativa privada, de atividades reservadas ao Estado em setores econômicos caracterizados por falhas de mercado.

Entretanto, a Lei n. 14.133/2021 preservou uma indesejável aplicação subsidiária do regime geral para relações contratuais que demandam rejeição à incorporação irrefletida de regras singelas estabelecidas para contratos relativamente banais e com prazos relativamente curtos nos quais inexistem, em regra, preocupações relacionadas à assimetria de informação e de elevados investimentos só amortizáveis em décadas.

Os projetos públicos de infraestrutura demandam maior sofisticação regulatória e contratual, além de mecanismos geradores de confiança e de obediência às legítimas expectativas. Matérias relativas a, exemplificativamente, alterações contratuais, matriz de risco e equilíbrio econômico-financeiro ainda sofrem forte influência da Lei n. 8.666/1993 ora substituída pela Lei n. 14.133/2021. Entretanto, o êxito de projetos de infraestrutura demanda que Estado formate relações contratuais que não se estruturem, ao menos exclusivamente, a partir das regras constantes do regime comum de contratos administrativos.

Outra questão que se coloca é que a histórica exploração direta de atividades econômicas em praticamente todos os setores estratégicos da economia só sofreu retração com a redemocratização, a partir de meados de 1980, momento a partir do qual passou a ser questionado o sistema das empresas públicas setoriais e os planos nacionais centralizados para a prestação de serviços públicos. Apenas com a promulgação da Constituição de 1988, da Lei de concessões comuns, do Programa Nacional de Desestatização, da Lei de PPPs e, mais recentemente, da Lei da Liberdade Econômica que foi fortalecida a relação entre o Estado e a iniciativa privada.

Não podemos converter os projetos de infraestrutura em meros contratos de prestação de serviços e os parceiros privados em meros executores de engessadas decisões administrativas. Por essa razão, é preciso, nos limites admitidos pelas diversas espécies normativas elencadas e em resposta à implantação imperfeita das concessões de serviços públicos no Brasil, que os projetos de infraestrutura sejam formatados com cautelosa recorrência à aplicação subsidiária.

3.8 Estruturação de projetos de saneamento

As parcerias entre o Poder Público e a iniciativa privada têm se constituído como uma importante alternativa para a ampliação dos investimentos em projetos de interesse público no Brasil. Nessa medida, há uma ligação direta entre alocação de recursos privados em projetos de interesse público e desenvolvimento econômico e social. A viabilidade de parcerias entre o Poder Público e a iniciativa privada exige estabilidade político-jurídica, segurança regulatória e um cenário normativo e institucional que assegure a manutenção das bases contratuais e as expectativas de ambos os contratantes.

Conforme antecipado, as parcerias entre o Poder Público e a iniciativa privada no Brasil foram regulamentadas, basicamente, por dois importantes marcos legais: a Lei de Concessão comum (Lei n. 8.987/1995) e a Lei de PPPs. Referidos marcos procuraram estimular parcerias entre o Poder Público e a iniciativa privada em um cenário de afastamento da exploração direta do Estado sobre determinadas atividades econômicas. As parcerias ensejariam, ainda, um menor dispêndio de recursos públicos, já que seriam indutoras da alocação de recursos privados em projetos de interesse público.

A Lei Federal n. 8.987/1995 criou um regime geral, de aplicação nacional (isto é, à União, aos Estados e aos Municípios), para o contrato que hoje chamamos de concessão comum. O objeto desse tipo de contrato é a delegação, pelo Estado ao concessionário, da implantação ou gestão de empreendimento público, ficando os investimentos a cargo do concessionário.

Referida contratação para a execução de serviço público, precedida ou não de obra pública, é remunerada por tarifas e por receitas alternativas, complementares e acessórias. É admissível, excepcionalmente, o subsídio público, inclusive na forma de tratamento tributário especial. Nesse modelo contratual, a recuperação dos investimentos ocorre com a posterior exploração da atividade delegada, sem que haja compartilhamento de riscos extraordinários e sem que exista o compartilhamento de ganhos econômicos adicionais entre o parceiro privado e o Poder Público.

Quase uma década após a vigência da Lei de Concessão, surgiu a Lei de Parcerias Público-Privadas – PPP (Lei Federal n. 11.079/2004). Referido marco foi responsável pela instituição de novos instrumentos de parceria entre a Administração Pública e a iniciativa privada. Nesse modelo contratual há, essencialmente, a repartição de riscos extraordinários entre os parceiros público e privado, o oferecimento de garantias pelo Poder Público e uma remuneração variável vinculada ao desempenho do parceiro privado.

Quanto às garantias oferecidas pela Administração Pública ao parceiro privado, elas podem envolver, por exemplo, a vinculação de receitas públicas, a instituição ou utilização de fundos especiais, a contratação de seguro-garantia prestado por fundo garantidor ou empresa estatal criada para essa finalidade.

As garantias oferecidas aos financiadores do projeto podem compreender, por exemplo, a emissão de empenho em nome do próprio financiador, a indenização em seu favor em caso de rescisão, o pagamento direto por fundos e empresas estatais garantidoras e a possibilidade de que o financiador assuma o controle da empresa que executa o projeto público.

A Lei de PPPs criou dois novos tipos de concessão: a concessão patrocinada e a concessão administrativa. A concessão administrativa é aquela em que todas as parcelas do preço devido ao concessionário serão pagas por um ente estatal, não por usuários. A concessão patrocinada, por sua vez, é aquela em que o concessionário é remunerado pela tarifa cobrada dos usuários e de preço pago pelo Poder Público.

O que há de semelhante entre as concessões comum, administrativa e patrocinada é que, em todas elas, o concessionário faz investimentos iniciais para implantar um serviço de interesse público ou uma infraestrutura. Os investimentos serão amortizados no curso de um prazo longo, sendo a remuneração uma contrapartida pelas utilidades que o serviço ou infraestrutura propiciam.

O regime jurídico comum a todos esses contratos procura conferir segurança ao investidor no decorrer de um período relativamente longo. Ainda que a Lei de PPP tenha sido responsável pelo estabelecimento de um ambiente legal razoavelmente seguro para a alocação de recursos privados em projetos de interesse público no Brasil, há entraves que ainda precisam ser superados e adequadamente cotejados no estudo jurídico que se propõe elaborar.

A modelagem da Lei de PPP volta-se, precipuamente, à concessão de um serviço público precedida da execução de uma obra pública, isso com características específicas quando comparadas com a concessão comum a que se refere a Lei Federal n. 8.987/1995.

O mercado de crédito nacional não possui grande tradição em financiamentos de longo prazo. Por essa razão, atualmente o financiamento das parcerias fica circunscrito ao autofinanciamento estatal, isto é, tolhidos à capacidade governamental de disponibilizar seus recursos por intermédio de suas instituições. Diante da escassez dos mecanismos de financiamento, algumas medidas foram adotadas. Editou-se, por exemplo, a Lei n. 12.431/2011, que criou as chamadas debêntures de infraestrutura. Elas poderão ser emitidas para financiar projetos de infraestrutura considerados prioritários e garantem um tratamento tributário favorecido aos investidores.

Ademais, outro entrave que precisa ser adequadamente cotejado está no regime de garantias. As garantias oferecidas pela Administração Pública ao parceiro privado podem envolver, por exemplo, a vinculação de receitas públicas, a instituição ou utilização de fundos especiais, a contratação de seguro-garantia prestado por fundo garantidor ou empresa estatal criada para essa finalidade.

Quanto às garantias oferecidas aos financiadores do projeto podem compreender, por exemplo, a emissão de empenho em nome do próprio financiador, a indenização em seu favor em caso de rescisão, o pagamento direto por fundos e empresas estatais garantidoras e a possibilidade de que o financiador assuma o controle da empresa que executa o projeto público. É fundamental, entretanto, viabilizar novos mecanismos de garantias. É preciso, ainda, que haja a ampliação das garantias para, por exemplo, as situações de extinção antecipada dos ajustes, e não apenas para garantir o cumprimento de obrigações contraídas pela Administração Pública.

O art. 8º da Lei n. 11.079/2004 instituiu um específico sistema de garantias destinadas a acautelar o parceiro privado em face de eventuais inadimplementos incorridos pelo parceiro público. O rol de garantias das obrigações pecuniárias contraídas pela Administração Pública, elencadas no dispositivo em referência, não é exaustivo, mas meramente exemplificativo. São admitidas, então, outras hipóteses de garantias previstas em lei. Destaque-se, ainda, que as modalidades de garantias podem ser conjugadas em um mesmo contrato de parceria público-privada.

Diferentemente das garantias prestadas pelo parceiro privado, as garantias prestáveis pelo parceiro público não são cláusulas obrigatórias dos contratos de parceria público-privada. Entretanto, a instituição de garantias ao parceiro privado poderá significar uma formatação mais eficiente ao contrato administrativo. Sua instituição, do mesmo modo, poderá ser decisiva para a criação de estímulos à alocação de recursos privados em projetos de interesse público.

As garantias são executadas a partir da verificação do inadimplemento do parceiro público. Por essa razão, o contrato de parceria público-privada deve indicar, necessariamente, os fatos que caracterizam a inadimplência pecuniária do parceiro público, os modos e o prazo de regularização e, quando houver, a forma de acionamento da garantia. Portanto, o contrato deverá conter não só a tipificação das específicas condutas que retratam o inadimplemento do parceiro público, como o momento em que a garantia poderá ser acionada e os procedimentos que deverão reger o seu funcionamento.

O art. 8º da Lei n. 11.079/2004 prevê que as obrigações pecuniárias contraídas pela Administração Pública em contrato de parceria público-privada poderão ser garantidas mediante: vinculação de receitas; instituição ou utilização de fundos especiais; contratação de seguro-garantia com as companhias seguradoras que não sejam controladas pelo Poder Público; garantia prestada por organismos internacionais ou instituições financeiras que não sejam controladas pelo Poder Público; garantias prestadas por fundo garantidor ou empresa estatal criada para essa finalidade; e, por fim, outros mecanismos admitidos em lei.

Referidos mecanismos garantidores representam desafios especialmente para Municípios quando comparados com a União e Estados. É preciso cotejar, por exemplo, a viabilidade de ingresso em mecanismos garantidores de outros entes federados e mesmo por organismos internacionais e instituições financeiras não controladas pelo Poder Público.

Ademais, cumpre ressaltar que há desafios que precisam ser enfrentados e que estão relacionados a discussões em torno da constitucionalidade do sistema de garantias instituído pelo art. 8º da Lei n. 11.079/2004. Os principais pontos de contestação são os seguintes: necessidade de lei complementar para dispor sobre a concessão de garantias; vedação à vinculação de receitas públicas; e, por fim, impossibilidade de previsão de fundos garantidores por afronta ao art. 167, inciso III, e art. 100 da Constituição.

A necessidade de lei complementar para dispor sobre a concessão de garantias decorreria do inciso III do art. 163 da Constituição, que reserva ao legislador complementar a competência para a disciplina da concessão de garantias pelas entidades públicas. Entretanto, pode-se entender que o art. 8º nada mais faz do que relacionar tipologias negociais de garantia, não havendo disciplina a propósito da concessão de garantias sob o ângulo do tratamento das finanças públicas. Sendo assim, a matéria estaria albergada na reserva de competência do art. 22, inciso XXVII, da Constituição, que atribui competência privativa da União para legislar, ordinariamente, acerca de normas gerais em matéria de contratação administrativa.

A vedação à vinculação de receitas públicas, por sua vez, decorreria do art. 167, inciso IV, da Constituição, que veda "a vinculação de receita de impostos a órgão, fundo ou despesa". Assim, toda e qualquer receita pública configuraria bem público irrenunciável.

A impossibilidade de previsão de fundos garantidores seria extraída do art. 165, § 9º, inciso II, e do art. 100 da Constituição da República. O primeiro dispositivo exige lei complementar para a criação de normas para instituição e funcionamento de fundos. O art. 100 da Constituição da República, por sua vez, instituiu o sistema de precatórios para os pagamentos devidos pela Fazenda Pública.

Entretanto, vem ganhando força o entendimento de que a hipótese de instituição de fundo garantidor não representa infração ao art. 100 da Constituição da República. Trata-se da criação de unidade administrativa de Direito privado para atuar no interesse da Administração Pública, legitimada pelo exercício da auto-organização do aparelho administrativo.

Ademais as consultas públicas permitem a efetiva participação dos interessados, destinatários finais das obras e serviços contratados pelo Poder Público, na discussão da modelagem dos projetos. Na prática, porém, a realização de tais mecanismos de democracia participativa vem ocorrendo mais para atender à exigência legal do que para o aperfeiçoamento da estrutura do projeto de PPP e da modelagem contratual.

Oura questão que se coloca é que a complexidade das contemporâneas contratações públicas – ligadas, essencialmente, à necessidade de viabilização de projetos que sejam de interesse público e atrativos ao investimento privado – demanda meios ágeis de solução de conflitos entre o Poder Público e o parceiro privado. A possibilidade do uso de mecanismos privados para a solução de conflitos ou controvérsias para dirimir conflitos decorrentes ou relacionados ao contrato representa uma segurança ao parceiro privado de que o contrato será respeitado e que as controvérsias envolvendo a contratação serão resolvidas de forma mais célere e por julgadores especializados.

Em síntese, é fundamental avançar na construção de um ambiente atrativo para a celebração de parcerias entre o Poder Público e a iniciativa privada. É preciso, basicamente, evoluir no aspecto segurança regulatória e no estabelecimento de um cenário normativo e institucional que assegure a manutenção das bases contratuais e as expectativas de ambos os contratantes. É fundamental, ainda, que se ofereça maior tecnicidade na análise e condução de questões contratuais e regulatórias.

A viabilidade jurídica e econômico-financeira de projetos dessa natureza requer detida compreensão de aspectos tais como: cláusulas contratuais obrigatórias, a questão da lei autorizativa específica para a contratação, o Procedimento de Manifestação de Interesse (PMI), convênios e consórcios entre entes políticos, licenças ambientais prévias, consulta pública, acompanhamento pelo Tribunal de Contas, fases da licitação, critério de julgamento, garantia de proposta, garantias de execução, regime remuneratório, investimentos, responsabilidade fiscal, financiamento, penalidades, alocação de riscos e responsabilidades e, ainda, reversão de bens.

Assim considerando, é fundamental que a Administração Pública, na estruturação de projetos de saneamento, coteje mapeie aspectos tais como: ambiente legal, processos e priorização de projetos, preparação e planejamento de projetos de concessão comum e PPPs, desafios relacionados à modelagem financeira, desafios relacionados à modelagem operacional e, por fim, desafios relacionados à modelagem jurídica.

Na realização do referido mister, é fundamental o minucioso cotejamento dos seguintes aspectos: existência de Projeto de Lei de PPPs, existência de Lei autorizativa específica, ato administrativo demonstrador da necessidade pública (conveniência e oportunidade), existência de chamamento de PMI ou de contratação de projeto, existência de convênio e de consórcio entre entes políticos relacionado direta ou indiretamente com o objeto contratado, existência de licenças ambientais prévias, consulta pública, acompanhamento pelo Tribunal de Contas, objeto, prazo, valor do contrato, licitação nacional ou internacional, modalidade de contratação (comum, patrocinada ou administrativa), licença ambiental prévia ou expedição das diretrizes para o licenciamento ambiental do empreendimento, número de competidores, inversão de fases de habilitação e julgamento da licitação, critério de julgamento, julgamento precedido de etapa de qualificação de propostas técnicas, deságio, garantia de proposta, intervalo entre a proclamação do resultado final do certame e a adjudicação do objeto, intervalo entre a adjudicação do objeto e a assinatura do contrato, intervalo entre a assinatura do contrato e o início da sua vigência, garantias prestadas pela Administração, garantias prestadas pelo parceiro privado, forma de acionamento da garantia em caso de inadimplência pecuniária da Administração, regime remuneratório (inclusive remuneração variável vinculada ao desempenho do parceiro privado, ganhos econômicos decorrentes de redução do risco de crédito de financiamento e aporte de recursos), critérios de avaliação do desempenho do parceiro privado, mecanismo de atualização dos valores contratuais, mecanismos de preservação da atualidade da prestação dos serviços, fatos caracterizadores da inadimplência pecuniária da Administração, modos e prazo de regularização em caso de inadimplência pecuniária da Administração, litigiosidade administrativa em sede do procedimento licitatório (esclarecimentos, impugnações e recursos), litigiosidade judicial em sede do procedimento licitatório, origem dos recursos públicos, origem dos recursos privados, investimentos, penalidades aplicáveis à Administração, penalidades aplicáveis ao parceiro privado, riscos e responsabilidades alocados à Administração, riscos e responsabilidades alocados ao parceiro privado, emissão de empenho em nome dos financiadores do projeto em relação às obrigações pecuniárias da Administração, requisitos e condições em que a Administração autorizará a transferência do controle ou a administração temporária da sociedade de propósito específico aos seus financiadores e garantidores com quem não mantenha vínculo societário direto com o objetivo de promover a sua reestruturação financeira e assegurar a continuidade da prestação dos serviços, recebimento de indenizações por extinção antecipada do contrato por parte de financiadores, litigiosidade em sede de execução contratual, aditivos e apostilamentos e, ainda, reversão de bens.

O cotejamento de referidos aspectos tendem a viabilizar uma relação mais estável e segura entre o Poder Público e a parceiro privado na definição de variáveis licitatórias e contratuais tais como modalidade de licitação; regime de execução; requisitos e documentos de habilitação; requisitos e forma de apresentação das propostas; prazo e condições para assinatura do contrato (considerando a remuneração mediante desempenho energético), execução e entrega do objeto da licitação; critério para julgamento; critério de aceitabilidade do preço global; critério de reajuste; limites para pagamento de instalação e mobilização para execução de obras ou serviços; condições de pagamento, prevendo os prazos de pagamento, critérios de compensação financeira, penalidades, e exigências de seguros; e, por fim, sanções em caso de inadimplemento.

CAPÍTULO IV

SANEAMENTO, CONCORRÊNCIA E REGIME DE AUTORIZAÇÕES ADMINISTRATIVAS

4.1 Concorrência e regulação

A complexidade do estabelecimento de políticas públicas nos setores de infraestrutura decorre do risco associado à detenção simultânea, por um mesmo agente econômico, de sucessivos segmentos da cadeia produtiva sob o pretexto de aproveitamento de economias de escopo e de escala[211] e da propensão, pelo monopolista detentor da infraestrutura, em abusar da sua posição dominante, impedindo o ingresso de novos agentes econômicos.[212]

---

211 SAMPAIO, Patrícia Regina Pinheiro. *Regulação e concorrência nos setores de infraestrutura*: análise do caso brasileiro à luz da jurisprudência do CADE. São Paulo: USP, 2012, p. 58. (Tese de Doutorado).

212 Referidas constatações ocorreram, em parte, em específico estudo relativo às políticas públicas no setor portuário (BONFIM, Anderson Medeiros. "Antitruste em setores regulados: o caso dos portos". *Revista do IBRAC*: Direito da Concorrência, Consumo e Comércio Internacional, vol. 22, jul.-dez. 2012, pp. 223-247).

Em outras palavras, nos setores de infraestrutura, as falhas de mercado relacionadas à presença de monopólios naturais complexificam a relação entre regulação e concorrência em razão da propensão, pelo monopolista detentor da infraestrutura, em abusar da sua posição, impedindo o ingresso de novos agentes econômicos. A complexidade do estabelecimento de políticas públicas nesses setores decorre, assim, do risco associado à detenção simultânea, pelo mesmo agente econômico, de sucessivos segmentos de uma cadeia produtiva.

Na acepção econômica, as falhas de mercado são circunstâncias que impedem o "ótimo de Pareto", o qual se funda no pressuposto de que ninguém é capaz de melhorar sua condição sem causar algum prejuízo a outrem, já que a realocação de recursos que aumenta o grau de satisfação de um indivíduo está associada ao comprometimento da condição de outro. As referidas circunstâncias estão ligadas à existência de bens indivisíveis (bens não precificáveis pelo mercado), externalidades, falhas de competição (monopólios naturais), mercados incompletos e assimetrias de informação. Parte dos problemas enfrentados pela defesa da concorrência no âmbito das condutas em setores regulados relaciona-se às estruturas verticais de monopólio integrado, em que uma única empresa oferta uma variedade de serviços.[213]

Sob a perspectiva da teoria econômica, o monopólio natural configura-se quando o número de firmas que minimizam o custo total da indústria for igual a um. A condição para a existência de um monopólio natural é representada pela fórmula C (q) = min [N. C (q/N)], na qual "C" é o custo total em função das quantidades "q" e "N" é o número de firmas no mercado. Nas palavras de Richard A. Posner, "the term does not refer to the actual number of sellers in a market but to the relationship between demand and

---

213 ARMSTRONG, Mark; DOYLE, Chris. *The economics of access pricing*: Conference on competition and regulation in the network infrastructure industries. Paris: Organisation for Economic Co-operation and Development - OECD, 1995, pp. 47-51.

the technology of supply".[214] Kenneth Train caracteriza o monopólio natural pelas economias de escala, ligada aos elevados custos iniciais fixos, e de escopo, atrelada aos custos comuns à produção de mais de um bem ou serviço.[215]

Regulação no sentido de "modalité de l'action publique",[216] modalidade de intervenção do Estado na economia[217] e "característica de um certo modelo econômico, aquele em que o Estado não assume diretamente o exercício da atividade empresarial, mas intervém enfaticamente no mercado utilizando instrumentos de autoridade".[218] A regulação engloba, assim, "toda a forma de organização da atividade econômica através do Estado", vez que o

> conceito de regulação é a correspondência necessária de dois fenômenos. Em primeiro lugar, a redução da intervenção direta do Estado na economia, e em segundo o crescimento do movimento de concentração econômica.[219]

Por essa razão, uma das medidas adotadas pela regulação consiste em privilegiar a separação da titularidade da rede da prestação de serviços a partir dela[220] e, quando cabível, a separação

---

214 POSNER, Richard A. *Natural monopoly and its regulation.* Washington: Cato Institute, 1999, p. 1.

215 TRAIN, Kenneth. *Optimal regulation*: the economic theory of natural monopoly. Cambridge: MIT Press, 1994, pp. 5-17.

216 GALLOT, Jérôme. "Qu'estce que la régulation? Contribution pour une définition". *Revue de la Concurrence et de la Consomattion*, nº 119, 2001.

217 BALDWIN, Robert; SCOTT, Colin; HOOD, Christopher. *A reader on regulation.* Oxford: Oxford, 1998, p. 4.

218 SUNDFELD, Carlos Ari (Coord.). *Direito administrativo econômico.* São Paulo: Malheiros, 2000, p. 23.

219 SALOMÃO FILHO, Calixto. *Regulação da atividade econômica*: princípios e fundamentos jurídicos. São Paulo: Malheiros, 2001, p. 14.

220 SAMPAIO, Patrícia Regina Pinheiro. *Regulação e concorrência nos setores de infraestrutura*: análise do caso brasileiro à luz da jurisprudência do CADE. São Paulo: USP, 2012, p. 57. (Tese de Doutorado).

dos segmentos caracterizados como monopólios naturais daqueles que podem ser regulados da perspectiva concorrencial, o que pode ensejar, inclusive, a criação de regimes regulatórios de concorrência assimétrica, desde que não predatória. Consequentemente, passa-se a admitir que um mesmo serviço seja prestado, por dois ou mais agentes, como serviço público e como atividade econômica *stricto sensu* concomitantemente.[221]

A regulação do saneamento, no Brasil, é historicamente estimuladora de monopólios. Ainda que se trate de um setor cujos elevados investimentos impõe a estruturação de projetos que permita ganhos de escala, é inegável uma propensão, irrefletida ou por inércia, à concentração de mercado, sem que se realize estudos de viabilidade que evidenciem a necessidade de amalgamação, em um único executor, de diversas atividades da cadeia produtiva do saneamento.

Conforme antecipado, o saneamento é um conceito legal que compreende um conjunto de serviços públicos relativos ao abastecimento de água potável, esgotamento sanitário, limpeza urbana e manejo de resíduos sólidos e drenagem e manejo das águas pluviais urbanas (art. 3º, inciso I, da Lei n. 11.445/2007). Para cada uma dessas atividades são necessárias infraestruturas e instalações operacionais próprias.

O serviço público de abastecimento de água potável é constituído pelas atividades e pela disponibilização e manutenção de infraestruturas e instalações operacionais necessárias ao abastecimento público de água potável, desde a captação até as ligações prediais e seus instrumentos de medição (art. 3º, inciso I, alínea "a", da Lei n. 11.445/2007). Assim considerando, são serviços públicos de abastecimento de água, a sua distribuição mediante ligação

---

221 Referidas constatações ocorreram, em parte, em específico estudo relativo ao setor portuário (BONFIM, Anderson Medeiros. "Concorrência entre os terminais portuários de uso público e de uso privado". *Revista Trimestral de Direito Público*, vol. 59, 2013, pp. 117-145).

predial, incluídos eventuais instrumentos de medição, bem como, quando vinculadas a essa finalidade, as atividades de reservação, captação, adução e tratamento de água bruta e, ainda, adução e reservação de água tratada (art. 3º-A da Lei n. 11.445/2007).

O serviço público de esgotamento sanitário é, em regra,[222] aquele composto por, ao menos, uma das seguintes atividades: coleta, incluída ligação predial e transporte, dos esgotos sanitários; tratamento e disposição final dos esgotos sanitários (art. 3º-B da Lei n. 11.445/2007).

Desde 2007, com a edição da Lei n. 11.445/2007, ao invés de estimular práticas contrárias ao controle dos diversos segmentos da cadeia produtiva do saneamento, apenas o singelo art. 12 previu que nas atividades em que mais de um prestador execute atividade interdependente com outra, a relação entre elas deverá ser regulada por contrato e haverá entidade única encarregada das funções de regulação e de fiscalização.

Nesse caso, consoante previsão do § 1º do mesmo dispositivo, a regulação deve definir, ao menos, as normas técnicas relativas à qualidade, quantidade e regularidade dos serviços prestados aos usuários e entre os diferentes prestadores envolvidos; as normas econômicas e financeiras relativas às tarifas, aos subsídios e aos pagamentos por serviços prestados aos usuários e entre os diferentes prestadores envolvidos; a garantia de pagamento de serviços prestados entre os diferentes prestadores dos serviços; os mecanismos de pagamento de diferenças relativas a inadimplemento dos usuários, perdas comerciais e físicas e outros créditos devidos, quando for o

---

222 Ressalva-se apenas os serviços públicos prestados em Zonas Especiais de Interesse Social ou outras áreas do perímetro urbano ocupadas predominantemente por população de baixa renda, nas quais, de acordo com o parágrafo único do art. 3º-B da Lei n. 11.445/2007, o serviço público de esgotamento sanitário, realizado diretamente pelo titular ou por concessionário, inclui conjuntos sanitários para as residências e solução para a destinação de efluentes, quando inexistentes.

caso; o sistema contábil específico para os prestadores que atuem em mais de um Município.

Já com relação ao contrato a ser celebrado entre os prestadores dos serviços interdependentes, previu-se, no § 2º do mesmo dispositivo, as seguintes cláusulas essenciais: as atividades ou insumos contratados; as condições e garantias recíprocas de fornecimento e de acesso às atividades ou insumos; o prazo de vigência, compatível com as necessidades de amortização de investimentos, e as hipóteses de sua prorrogação; os procedimentos para a implantação, ampliação, melhoria e gestão operacional das atividades; as regras para a fixação, o reajuste e a revisão das taxas, tarifas e outros preços públicos aplicáveis ao contrato; as condições e garantias de pagamento; os direitos e deveres sub-rogados ou os que autorizam a sub-rogação; as hipóteses de extinção, inadmitida a alteração e a rescisão administrativas unilaterais; as penalidades a que estão sujeitas as partes em caso de inadimplemento; a designação do órgão ou entidade responsável pela regulação e fiscalização das atividades ou insumos contratados.

Por fim, também é previsto, no § 4º do mesmo dispositivo, que a execução, mediante concessão, de atividades interdependentes deve constar do edital de licitação respectivo, o qual deve, em especial, dispor sobre as tarifas e os preços públicos a serem pagos aos demais prestadores.

Ainda no ambiente de serviço público, já em 2007 previu-se, no art. 41, que, desde que previsto nas normas de regulação, grandes usuários poderão negociar suas tarifas com o prestador dos serviços, mediante contrato específico, ouvido previamente o regulador.

Já quanto às atividades passíveis de execução fora do regime de serviço público, o art. 5º previu não constituir serviço público a ação de saneamento executada por meio de soluções individuais, desde que o usuário não dependa de terceiros para operar os serviços, bem como as ações e serviços de saneamento básico de responsabilidade privada, incluindo o manejo de resíduos de responsabilidade do gerador. Veja-se, portanto, que unidades de tratamento coletivas, ainda que venham a ser tecnicamente viáveis, não são admitidas.

A recente alteração legislativa levada a efeito pela Lei n. 14.026/2020 em nada avançou na ruptura da concentração de mercado levada a efeito pelo domínio de diversos segmentos da cadeia produtiva de saneamento por um mesmo agente econômico. Em outras palavras, a desagregação das atividades da cadeia do saneamento enfrenta severos obstáculos.

Em determinadas situações, a viabilidade econômico-financeira dos projetos públicos não se materializa exclusivamente pela concentração de todas as atividades relativas ao saneamento em um mesmo agente econômico. Por essa razão, mesmo diante da ausência de estímulo à desagregação, é dever do titular dos serviços públicos de saneamento, à luz do princípio da eficiência previsto no art. 37, *caput*, da Constituição, fracionar o projeto na quantidade de parcelas que se mostrarem técnica e economicamente viáveis. Do mesmo modo, a admissibilidade de subcontratação só deve ocorrer na medida em que se demonstrar viável, sob a perspectiva técnica e econômico-financeira, o fracionamento do objeto nos moldes originalmente licitados.

A escassez dos estudos da concorrência no setor de saneamento decorre da elevada estatização das atividades, mesmo quando delegadas, o que inviabilizou qualquer discussão, no âmbito das instituições regulatórias e concorrenciais brasileiras, quanto às práticas anticompetitivas e mesmo uma tentativa de permeabilizar o setor pela concorrência. Já quanto ao âmbito legislativo, a recente inovação legislativa à Lei n. 11.107/2005, previu, no seu art. 21, inciso III, que a regulação se destina a, dentre outros, prevenir e reprimir o abuso do poder econômico, ressalvada a competência dos órgãos integrantes do Sistema Brasileiro de Defesa da Concorrência. Do mesmo modo, o art. 49, inciso XV, prevê que são objetivos da Política Federal de Saneamento Básico promover a concorrência na prestação dos serviços. Ocorre que a elevada abstração dos comandos legislativos estimuladores da concorrência tende a inibir práticas administrativas propiciadoras da concorrência em setor com forte propensão à concentração de mercado. Especialmente por essa razão, avalia-se que embates entre instâncias de regulação e de concorrência não se concretizem, ao menos nas primeiras décadas da recente inovação legislativa.

Nem mesmo as previsões gerais que atribuem à ANA a função de, no estabelecimento das normas de referência para a regulação dos serviços públicos de saneamento por seus titulares e suas entidades reguladoras e fiscalizadoras, estimular a livre concorrência, a competitividade, a eficiência e a sustentabilidade econômica na prestação dos serviços (art. 4º-A, § 3º, inciso II) Lei n. 11.107/2005), serão capazes de, efetivamente, permeabilizar o setor.

4.2 Competências regulatórias e concorrenciais

As instituições regulatórias e concorrenciais apresentam objetivos gerais semelhantes, ligados, basicamente, a métodos de produção e preços economicamente eficientes.[223] Seus instrumentos, entretanto, são distintos. Enquanto os órgãos regulatórios agem no controle direto sobre acesso ao mercado, quantidade, qualidade e preço dos serviços prestados,[224] as instituições concorrenciais promovem as mesmas finalidades de forma indireta, por meio da preservação de um processo que tende a efetivá-los, conforme expressão de Thomas E. Sullivan e Jeffrey L. Harrison.[225]

---

223 SAMPAIO, Patrícia Regina Pinheiro. *Regulação e concorrência nos setores de infraestrutura*: análise do caso brasileiro à luz da jurisprudência do Cade. São Paulo: USP, 2012, p. 58. (Tese de Doutorado).

224 SAMPAIO, Patrícia Regina Pinheiro. *Regulação e concorrência nos setores de infraestrutura*: análise do caso brasileiro à luz da jurisprudência do Cade. São Paulo: USP, 2012, p. 60. (Tese de Doutorado).

225 SULLIVAN, Thomas E.; HARRISON, Jeffrey L. *Understanding antitrust and its economic implications*. Newark: LexisNexis, 2008, p. 81.

A regulação define pautas de comportamento aos agentes econômicos na persecução de políticas públicas. A concorrência, por sua vez, associa-se à proteção do processo dinâmico de funcionamento do mercado e, apenas nessa medida, possui uma finalidade de melhor alocação dos recursos.[226]

O órgão regulatório promove políticas públicas diretamente promotoras da competição em mercados potencialmente anticompetitivos, ao passo que a instituição de defesa da concorrência possui um papel indireto na tutela da liberdade de concorrência quando reprime o abuso do poder de mercado.[227] Para Stephen Breyer, são funções da regulação o controle do monopólio, a promoção da competitividade e a redistribuição de riquezas.[228] O poder de mercado é identificado como "poder de monopólio", ou seja, a capacidade de fixar preços acima do nível de custos, obtendo lucros acima do competitivo.[229] O poder de mercado é, assim, reduzido ao poder de um monopolista hipotético de elevar seus preços para maximizar lucros.[230]

Enquanto a regulação apresenta uma função mais prospectiva e voltada à determinação e monitoramento do comportamento

---

226 BARROS, Pedro. "Relação entre autoridade da concorrência e autoridades setoriais". *In*: SOARES, Antonio Goucha; LEITÃO, Maria Manuel. *Concorrência*: estudos. Coimbra: Almedina, 2006, p. 165.

227 DUTRA, Pedro. "Concorrência em mercado regulado: a ação da ANP". *Revista de Direito Administrativo*, vol. 229/286, jul./set. 2002.

228 BREYER, Stephen. *Regulation and its reform.* Cambridge: Harvard, 1982, p. 71.

229 SCHERER, Frederic M.; ROSS, David. *Industrial market structure and economic performance.* Boston: Houghton Mifflin, 1990, p. 21.

230 POSSAS, Mario Luiz. "Os conceitos de mercado relevante e de poder de mercado no âmbito da defesa da concorrência". *Revista do IBRAC*, vol. 3, 1996; POSSAS, Mario Luiz; FAGUNDES, Jorge; PONDÉ, João Luiz. "Defesa da concorrência e regulação de setores de infraestrutura em transição". *Revista do IBRAC*, vol. 8, 2001, p. 115.

dos agentes econômicos,[231] a instituição concorrencial possui, ressalvando-se o seu papel no controle de estruturas, uma atuação mais pontual e a posteriori, impondo soluções estruturais e comportamentais em caso de desvio da conduta do agente econômico. Consequentemente, enquanto a regulação é persuasória dos comportamentos desejados, a defesa da concorrência dissuade o agente econômico a praticar atos anticompetitivos.[232] A regulação confere prelazia às soluções comportamentais, exigindo um fluxo maior e contínuo de informações, enquanto a instituição de defesa da concorrência possui predileção às soluções estruturais.[233] Para Robert Boyer, a finalidade da regulação consiste em superar o controle de racionalidades limitadas às decisões meramente econômicas relativas à produção e às trocas múltiplas e descentralizadas para alcançar a possibilidade de coerência dinâmica do sistema como um todo.[234]

As normas de defesa da concorrência incidem sobre as atividades sujeitas à regulação setorial[235] reprimindo, casuisticamente, os abusos de posição dominante sem ignorar que estas atividades estão sujeitas a determinadas especificidades regulatórias.[236] A competência

---

231 BOYER, Robert. *Théorie de la régulation*: les fondamentaux. Paris: La Découverte, 1987, p. 23.

232 SAMPAIO, Patrícia Regina Pinheiro. *Regulação e concorrência nos setores de infraestrutura*: análise do caso brasileiro à luz da jurisprudência do Cade. São Paulo: USP, 2012, p. 63. (Tese de Doutorado).

233 GARCÍA-MORATO, Lucía López de Castro; ORTIZ, Gaspar Ariño. *La competencia en sectores regulados*. Comares: Albolote, 2003, p. 337.

234 BOYER, Robert. *Théorie de la régulation*: les fondamentaux. Paris: La Découverte, 1987, p. 23.

235 ARAGÃO, Alexandre Santos de. "Competência antitruste e regulações setoriais". *Revista do IBRAC*, 16/31. Para Carlos Ari Sundfeld, as normas de defesa da concorrência, em princípio, não incidem sobre os serviços públicos, os quais se incluem na esfera de poderes do regulador do próprio serviço (SUNDFELD, Carlos Ari. "O Cade e a competição nos serviços públicos". *Revista Trimestral de Direito Público*, nº 33, 2001, p. 54).

236 LEPINETTE, Tomás Vazquez. *La obligación de interconexión de redes de telecomunicación*. Valencia: Tirant lo Blanch, 1999, pp. 74/75.

para delinear os contornos dos setores regulados é da instituição regulatória, devendo a atuação do órgão concorrencial na repressão ao abuso do poder econômico ser excepcional e pontual.[237]

A construção dos arranjos institucionais divisórios das competências entre instituições regulatórias e concorrenciais deve partir do pressuposto de que é preciso cooperação entre ambas na construção de políticas públicas sincronizadas. Além do mais, a divisão de competências entre ambas as instituições deve conduzir-se teleologicamente no sentido de evitar a criação de barreiras artificiais ou desnecessárias, à luz do interesse público, à entrada no setor regulado, bem como a concentração do poder econômico.[238]

Gesner Oliveira, na temática dos arranjos institucionais entre competências regulatórias e concorrenciais, fornece uma classificação distintiva entre isenção antitruste, competências concorrentes, competências complementares, regulação antitruste e desregulação. Na isenção antitruste, compete às instituições regulatórias aplicar as leis da concorrência partindo-se do pressuposto de que as normas setoriais possuem prevalência sobre as concorrenciais e que o órgão da concorrência não atua sobre setores regulados. Nas competências concorrentes, tanto a instituição regulatória quanto a antitruste aplicam a legislação de defesa da concorrência. Nas competências complementares, às instituições regulatórias é atribuída a regulação técnica[239] e econômica,[240] ao passo que as

---

237 ARAGÃO, Alexandre Santos de. "Competência antitruste e regulações setoriais". *Revista do IBRAC*, 16/31. Para Carlos Ari Sundfeld, as normas de defesa da concorrência, em princípio, não incidem sobre os serviços públicos, os quais se incluem na esfera de poderes do regulador do próprio serviço (SUNDFELD, Carlos Ari. "O Cade e a competição nos serviços públicos". *Revista Trimestral de Direito Público*, nº 33, 2001, p. 31).

238 SAMPAIO, Patrícia Regina Pinheiro. *Regulação e concorrência nos setores de infraestrutura*: análise do caso brasileiro à luz da jurisprudência do Cade. São Paulo, USP, 2012, p. 59. (Tese de Doutorado).

239 Estabelecimento de padrões e metas a serem adotados pelos agentes econômicos.

240 Aspectos quantitativos e tarifários da atividade regulada.

concorrenciais aplicam a legislação de defesa da concorrência. Na regulação antitruste a instituição de defesa da concorrência aplica tanto as normas antitruste, quanto as regulatórias, com prevalência das primeiras. Por fim, na desregulação determinada atividade econômica deixa de ser regulada técnica e economicamente para ser regida apenas pelas normas de defesa da concorrência.[241]

Outra classificação quanto à relação entre competências regulatórias e antitruste é a proposta por Clèmerson Merlin Clève e Melina Breckenfeld Reck, os quais distinguem articulação complementar, articulação supletiva, articulação concorrente e articulação por coordenação. Na articulação complementar, são estabelecidas atribuições distintas para ambas as instituições. Na articulação supletiva, a instituição antitruste somente atua quando o órgão regulatório não exercer competências de defesa da concorrência. Na articulação concorrente ambos os órgãos possuem competência para aplicar os micro-ordenamentos regulatório e de defesa da concorrência. Na articulação por coordenação a decisão final sobre a matéria é atribuída a uma instituição, mas subordinada ao dever de consultar previamente a outra.[242]

Nesta seara, Floriano de Azevedo Marques Neto sustenta haver, em termos teóricos, regulação anticoncorrencial, regulação não concorrencial, regulação pró-concorrência e concorrência como forma de regulação. A regulação anticoncorrencial impede a existência da concorrência. Na regulação não concorrencial a competição é possível, mas não é prestigiada. Na regulação pró-concorrência a ênfase é conferida aos instrumentos de defesa da concorrência, podendo subsistir, quando necessárias, medidas regulatórias a ela substitutivos. Na concorrência como forma de regulação, os

241 OLIVEIRA, Gesner. *Concorrência*: panorama no Brasil e no mundo. São Paulo: Saraiva, 2001, p. 17.

242 CLÈVE, Clèmerson Merlin; RECK, Melina Breckenfeld. "A Constituição econômica e a interface entre regulação setorial e antitruste no direito brasileiro". *Revista do IBRAC*, nº 16, 2009, pp. 117/118.

instrumentos regulatórios são desconsiderados partindo-se do pressuposto de que aqueles típicos de defesa da concorrência são suficientes para tutelar a generalidade dos mercados.[243]

Assim como inexiste uma fórmula única de interação entre instituições regulatórias e concorrenciais passível de aplicação a todos os Estados, não há uma fórmula única para todos os setores regulados, pois esta relação depende do contexto social, econômico e da conformação jurídica das instituições pelo sistema de Direito positivo.[244] A *State action doctrine* e a *Pervasive power*, por exemplo, a despeito de viabilizarem a compreensão da articulação entre a atividade de controle antitruste e de regulação setorial nos Estados Unidos, pouco ou em nada contribuem para o deslinde da problemática entre nós.

A *State action doctrine* incide quando há convergência entre competências regulatórias atribuídas aos Estados federados e as atribuições antitruste da União. A teoria estabelece critérios para determinar se a regulação estadual confere imunidade à aplicação das normas antitruste. É necessário que a regulação seja expedida em consequência de uma política pública claramente substitutiva da concorrência.[245] A *Pervasive power*, por sua vez, aplica-se às hipóteses nas quais as competências regulatórias afastam a

---

243 MARQUES NETO, Floriano Peixoto de Azevedo. "A articulação entre regulação setorial e regulação antitruste". *Regulação Brasil*, nº 1, 2005, pp. 71/72; MARQUES NETO, Floriano Peixoto de Azevedo. "Regulação setorial e a autoridade antitruste: a importância da Independência do regulador". *In*: CAMPILONGO, Celso Fernandes; VEIGA, Jean Paul Cabral; MATTOS, Paulo Todescan Lessa (Coord.). *Concorrência e regulação no sistema financeiro*. São Paulo: Max Limonad, 2002, pp. 95-118.

244 UNITED NATIONS CONFERENCE ON TRADE AND DEVELOPMENT. *Best practices for defining respective competences and settling of cases which involve joint action by competition authorities and regulatory bodies*. Geneva: UN, 2006, p. 3.

245 SALOMÃO FILHO, Calixto. "Regulação e antitruste: fronteiras e formas de interação no setor financeiro". *In*: CAMPILONGO, Celso Fernandes; ROCHA, Jean Paul Cabral Veiga da; MATTOS, Paulo Todescan Lessa

possibilidade de aplicação das normas antitruste. A competência da instituição regulatória deve ser ampla o suficiente para afastar a competência de qualquer outro órgão. Ou seja, a competência é extensa o suficiente para afastar qualquer outra e foi conferida para substituir as normas antitruste. A segunda hipótese é aquela em que, apesar de não dotado de extensão suficiente para afastar a aplicação do Direito antitruste, a competência é profunda o bastante para fazê-lo.[246]

Um modelo ideal de interação entre instituições regulatórias e concorrenciais deve propiciar que a regulação promova a concorrência,[247] permitindo a criação de uma regulação para a concorrência. A regulação deve evitar restrições desnecessárias à concorrência no setor regulado ou a formação de estruturas concentradas de poder que tornem provável o abuso de posição dominante ou coordenação colusiva.[248] A institucionalização dos mecanismos de interação entre instituições regulatórias e concorrenciais deve considerar, ainda, as especificidades de cada setor regulado.

Estimula-se a interação entre instituições regulatórias e concorrenciais nos arts. 9.º, § 3.º, 19, I e IV, 65, I e 66, § 6.º, da Lei n. 12.529/2011.

(Coord.). *Concorrência e regulação no sistema financeiro*. São Paulo: Max Limonad, 2002, pp. 130-137.

246 SALOMÃO FILHO, Calixto. "Regulação e antitruste: fronteiras e formas de interação no setor financeiro". *In*: CAMPILONGO, Celso Fernandes; ROCHA, Jean Paul Cabral Veiga da; MATTOS, Paulo Todescan Lessa (Coord.). *Concorrência e regulação no sistema financeiro*. São Paulo: Max Limonad, 2002, pp. 130-137.

247 A regulação está indissociavelmente ligada às estruturas que rege (empresa e política de concorrência). (FERES, Marco Vinício Chein. "Regulação, empresa e política de concorrência". *Revista do IBRAC*, vol. 9, 2002, p. 240).

248 SALOMÃO FILHO, Calixto. "Regulação e antitruste: fronteiras e formas de interação no setor financeiro". *In*: CAMPILONGO, Celso Fernandes; ROCHA, Jean Paul Cabral Veiga da; MATTOS, Paulo Todescan Lessa (Coord.). *Concorrência e regulação no sistema financeiro*. São Paulo: Max Limonad, 2002, p. 76.

A articulação de competências em matéria de controle de estruturas e condutas constitui-se em elemento basilar à identificação dos limites entre as esferas regulatória e antitruste, já que delimita o âmbito de atuação de cada instituição em matéria de prevenção e repressão das infrações à ordem econômica.

4.3 A permeabilização do regime de serviços públicos pela concorrência

A prestação dos serviços públicos esteve, tradicionalmente, afastada da livre iniciativa e, assim, da concorrência, na medida em que cabia apenas ao Estado a titularidade exclusiva, mesmo na hipótese de concessão ou permissão. Seja por força de limitações naturais à prestação do serviço – é o caso dos monopólios naturais – seja por imposição normativa – para resguardar o interesse público – estancava-se a iniciativa no âmbito do regime jurídico dos serviços públicos.[249]

Todavia, há uma marcante alteração destes pressupostos. Dentro de precauções sensíveis de resguardo do interesse público, passou-se a valorizar a concorrência e a propriedade privada no setor dos serviços públicos, o que acarretou transformação no seu regime. Passa-se então a ter por caracterizado o serviço público como espécie de atividade econômica, de modo que a instalação da concorrência, além de possível, é aconselhável à satisfação dos direitos individuais e sociais.

Conforme assinala a professora Dinorá Adelaide Musetti Grotti, a abertura à possibilidade de exploração em regime privado de serviço de titularidade estatal, com abertura à competição, deu-se através, dentre outros, através de mecanismos de liberalização do

---

249 Referidas constatações ocorreram, em parte, em específico estudo relativo ao setor portuário (BONFIM, Anderson Medeiros. "Antitruste em setores regulados: o caso dos portos". *Revista do IBRAC*: Direito da Concorrência, Consumo e Comércio Internacional, vol. 22, jul./dez. 2012, pp. 117-145).

acesso dos exploradores ao mercado, ausência de garantia de rentabilidade e flexibilidade nos preços.[250] Ainda conforme a professora, um dos pressupostos para a reconstrução da competitividade no seio de cada setor é relativo à "desintegração vertical (*unbundling*) de atividades potencialmente competitivas e não-competitivas",[251] com vistas a atribuir regime de livre mercado para algumas dessas atividades econômicas.[252]

Neste sentido, destaca Carlos Ari Sundfeld que não se pode falar em um regime jurídico único para o desempenho de atividades reservadas ao Estado. Assim, a alegação de que da Constituição decorreria um regime jurídico total ou parcialmente público para a exploração de serviços estatais,

> inspira-se no desejo de ver preservado o modelo estatal e monopolista de exploração e (...) traduz grande desconfiança quanto à idoneidade do atual legislador brasileiro para disciplinar os serviços (donde a pretensão de esses juristas concorrerem para o estabelecimento de rígidos limites ao poder de legislar sobre "serviços públicos" por via de uma interpretação muito pessoal da Constituição).[253]

Com a mudança no modelo de regulação comum a todos os serviços públicos ganhou destaque a regulação específica, setorial, segundo as características técnicas e econômicas de cada

---

250 GROTTI, Dinorá Adelaide Musetti. *O serviço público e a Constituição brasileira de 1988*. São Paulo: Malheiros, 2003, p. 164.

251 GROTTI, Dinorá Adelaide Musetti. *O serviço público e a Constituição brasileira de 1988*. São Paulo: Malheiros, 2003, p. 319.

252 Referido levantamento constou de específico estudo relativo ao setor portuário (BONFIM, Anderson Medeiros. "Antitruste em setores regulados: o caso dos portos". *Revista do IBRAC*: Direito da Concorrência, Consumo e Comércio Internacional, vol. 22, jul./dez. 2012, pp. 117-145).

253 SUNDFELD, Carlos Ari (Coord.). "Serviços públicos e regulação estatal: introdução às agências reguladoras". *In*: ______. *Direito administrativo econômico*. São Paulo: Malheiros, 2006.

serviço. Nesse contexto, Dinorá Adelaide Musetti Grotti assinala os pressupostos para a reconstrução da competitividade no seio de cada setor:

> Um dos pressupostos para a reconstrução da competitividade no seio de cada setor, é a desintegração vertical (*unbundling*) de atividades potencialmente competitivas e não-competitivas, objetivando: 1) conseguir a aplicação de um regime jurídico distinto – mercado ou regulação – a umas e outras; e 2) a transparência informativa, imprescindível para uma regulação correta, com supressão de subvenções cruzadas entre os distintos serviços.[254]

As principais medidas adotadas para que se propicie a concorrência nos serviços públicos, segundo Maria de Oliveira Nusdeo, referem-se ao desmembramento de atividades complementares ou ligadas a uma mesma cadeia produtiva, ao estabelecimento de concorrência em fases da exploração da atividade econômica ou da prestação dos serviços públicos, além da criação de regras para evitar a concentração econômica.[255]

Procurando salvaguardar o dinamismo dos mercados, a defesa dos interesses dos consumidores e a garantia das liberdades e direitos fundamentais, o Direito europeu impôs a adoção de lógica de mercado, liberdade de empresa e de concorrência em elevada parcela das atividades econômicas comunitárias. Com efeito, para fomentar a eficiência e a concorrência, mas sem que isso implicasse na abertura irrestrita ao mercado e sua desregulação, o Tratado da Comunidade Europeia criou a figura do serviço de interesse econômico geral, o qual compreende as atividades comercializáveis

---

254 GROTTI, Dinorá Adelaide Musetti. *O serviço público e a Constituição brasileira de 1988*. São Paulo: Malheiros, 2003, p. 319.

255 GROTTI, Dinorá Adelaide Musetti. *O serviço público e a Constituição brasileira de 1988*. São Paulo: Malheiros, 2003, p. 323.

que preencham missões de interesse geral, estando, por esta razão, sujeitas às obrigações específicas de serviço público. Assim considerando, preceitua seu art. 86, §2º:

> As empresas encarregadas da gestão de serviços de interesse econômico geral ou que tenham a natureza de monopólio fiscal ficam submetidas ao disposto no presente Tratado, designadamente às regras de concorrência, na medida em que a aplicação destas regras não constitua obstáculo ao cumprimento, de direito ou de fato, da missão particular que lhes foi confiada. O desenvolvimento das trocas comerciais não deve ser afetado de maneira que contrarie os interesses da Comunidade.

A definição de atividade econômica dada por Denys Simon[256] é aquela suscetível de ser exercida por um particular que se encontra em situação de concorrência com atividades análogas exercidas pelos operadores econômicos privados. Já as missões de interesse geral caracterizam-se pelo cumprimento de prestações que não sejam desenvolvidas por um operador guiado unicamente pela obtenção de lucro:

> Esta noção equivale dizer que uma missão de interesse geral não é uma atividade que pode ser gerida nos mesmos moldes que uma atividade econômica de mercado (...). A gestão financeira de uma missão de interesse geral inclui um custo relativo ao cumprimento de uma obrigação de serviço público que revela a sua particularidade e que permite invocar

256 SIMON, Denys. "Les mutations des services publics du fait des contraintes du droit communautaire". *In*: KOVAR, Robert; SIMON, Denys (Coord.). *Service public et communauté*: entre lÌtérêt general et le marché. tomo 1. Paris: La Documentation Française, 1998, pp. 65-98.

> a derrogação das regras de concorrência estabelecidas no Tratado da Comunidade Europeia.[257]

Para que a regra de concorrência deixe de ser aplicada, Jose Maria Souvirón Morenilla[258] afirma ser preciso determinar o interesse coletivo que a gestão da atividade contempla e constatar se as regras de concorrência comprometem a prestação da atividade. O serviço universal é aquele que visa assegurar o acesso de todos os usuários a prestações essenciais por uma determinada qualidade e a preços justos. Por essa razão, são inerentes ao serviço universal universalidade, bem como igualdade e continuidade.

No modelo europeu, a abertura à concorrência dos serviços de interesse econômico geral foi acompanhada de uma previsão de garantia de manutenção e desenvolvimento de um serviço universal. O serviço de interesse econômico geral compreende o serviço universal, parte antieconômica da atividade, além de uma área que lhe é externa, dita econômica, sujeita às regras comuns do mercado.

O serviço universal não pode ser visto como atividade apartada das regras de mercado. O serviço universal não exclui o mercado, mas o leva em consideração diante das incertezas e os riscos que o caracterizam, o que pode comprometer a realização dos interesses gerais considerados.

A existência de um núcleo de serviço universal nas atividades de interesse econômico geral visa proteger o usuário, quando garante o acesso a um serviço básico e mínimo, e o prestador do serviço, garantindo-lhe um mecanismo de compensação financeira.

---

257 JUSTEN, Mônica Spezia. *A noção de serviço público no direito europeu*. São Paulo: Dialética, 2003, p. 182.

258 MORENILLA, Jose Maria Souvirón. *La actividad de la administración y el servicio público*. Granada: Comares, 1998.

Consequentemente, a concorrência só é contida quando comprometer a prestação da atividade de interesse coletivo.

O "caso Corbeau", levado à Corte de Justiça da Comunidade europeia, permitiu aferir, concretamente, o modelo comunitário a partir da demarcação da extensão da restrição da concorrência, ou até mesmo sua exclusão, para que um prestador de serviço de interesse econômico geral desenvolva suas atividades em regime de monopólio. O caso teve como partes as Régie des Postes, serviço de correios da Bélgica, organizado em regime de monopólio, e Paul Corbeau, comerciante que passou a oferecer um serviço de coleta e entrega de correspondências e, por esta razão, sofreu uma ação criminal por incutir-se em atividade objeto de monopólio a outrem, em prejuízo das suas expectativas econômico-financeiras.

A compensação econômica fundava-se numa equação financeira que garantisse a observância dos princípios da universalidade e continuidade. A uniformidade de tarifas, independentemente das condições específicas ou do grau de lucratividade econômica de cada operação individual, assegurava a obtenção da lucratividade econômica das Régie des Postes.

O artigo 86, § 2º, determina que as regras de concorrência não podem obstar ao cumprimento da atividade confiada a uma empresa prestadora de um serviço de interesse econômico geral. O empreendimento de Paul Corbeau estaria, assim, impedido de funcionar se sua atuação colocasse em risco o equilíbrio econômico das Régie des Postes, a quem foi confiada a missão de interesse geral.

Colocada em risco a atividade, afastar-se-ia a regra da concorrência, vez que poderia prejudicar a prestação do titular do direito exclusivo de exercê-la. A atividade é comprometida na medida em que as condições que garantem a operacionalidade econômica desta prestação são postas em risco quando um particular igualmente a desempenha. No caso do serviço prestado por Paul Corbeau, este desempenhava suas atividades em área de atendimento restrito para uma clientela com uma necessidade especial.

A Corte de Justiça analisou a questão a partir do equilíbrio financeiro da empresa encarregada de uma missão, bem como a importância deste equilíbrio quando da aplicação do citado art. 86, § 2º. A iniciativa privada, atuando somente em áreas de grande produtividade, deixa desatendidas regiões de menor relevância econômica, concentrando-se em áreas mais rentáveis, conseguindo, assim, oferecer tarifas menores comparativamente aos responsáveis pela missão de interesse geral, que têm o dever de universalidade.

O responsável pela missão de interesse geral atua com uma equação econômico-financeira baseada num regime de compensação entre as vantagens da região mais lucrativa e as desvantagens da região menos lucrativa. A equação desequilibra-se na medida em que o particular atua no mesmo ramo da atividade, especialmente nas regiões mais lucrativas.

A autorização para que particulares concorram com titulares de direitos exclusivos nos setores de sua escolha colocam-nos em situação vantajosa, vez que estariam livres para concentrarem-se em atividades economicamente rentáveis e oferecerem tarifas mais vantajosas que as praticadas pelos titulares de direitos exclusivos, já que não estão obrigados a operar uma compensação entre perdas dos setores não rentáveis e os benefícios dos rentáveis.

O serviço oferecido por Paul Corbeau, dada a sua especificidade, diferenciava-se do serviço das Régie des Postes, o que afastou a aplicação do artigo 86, § 2º. Inexistindo comprometimento do equilíbrio econômico da atividade diante do serviço comercial de natureza específica prestado num espaço territorial restrito, não estariam afetados os serviços de interesse geral.

Assim considerando, as regras de concorrência não podem servir de obstáculo ao cumprimento da prestação do serviço público. O titular do direito exclusivo de exercê-lo possui um determinado equilíbrio econômico-financeiro que não pode ser violado pela atuação da iniciativa privada em ambiente de livre mercado. Quando afetado o equilíbrio financeiro do encarregado da prestação do serviço público, fundado em um regime de compensação entre vantagens e desvantagens, compromete-se a atividade exercida em caráter público.

Por essa razão, a concorrência no setor de serviços públicos não é um fim em si mesma, justificando-se apenas na exata medida em que a desestatização é suportada pelo mercado e acompanhada de regulação preservadora do interesse público. Em outras palavras, dado o histórico de elevada concentração de mercado no setor de saneamento, inclusive acompanhada de forte estatização, é preciso que o legislador ordinário, atento ao modelo de ordem econômica consubstanciado na nossa Constituição, atente-se aos riscos da concorrência.

Conforme assinalado, um dos pressupostos para a construção da competitividade é a desintegração vertical de atividades potencialmente competitivas. Diante do regime tradicional de exclusividade na prestação dos serviços públicos, há uma ruptura pela abertura do setor à iniciativa privada pela liberdade de entrada via autorização administrativa, o que implica na pluralidade de ofertas nestes serviços até então exclusivos. Desenvolve-se, assim, a ideia de facilitação à entrada no mercado dos serviços públicos.

Porém, deve-se atentar aos efeitos desfavoráveis ao que Alexandre Santos de Aragão chamou de concorrencialização nos serviços públicos.[259] A observação deste ponto levou o mesmo autor a pontuar, dentre os fatores de cautela na concorrencialização dos serviços públicos, o risco da concorrência predatória e aumento de padrões técnicos incompatíveis com a sua prestação:

> Havendo muitos agentes no setor, há riscos de concorrência predatória (...), o que compromete a eficiência global da prestação de serviços que são essenciais. (...) A difusão

---

259 ARAGÃO, Alexandre Santos de. "Serviços públicos e concorrência". *Revista de Direito Administrativo*, vol. 233. Rio de Janeiro: Renovar, jul./set. 2003, p. 318.

> de tipos de atividades diversas dentro do mesmo setor, difundida pela concorrência, pode levar à fragmentação dos mercados em razão da tendência de proliferação de padrões técnicos incompatíveis.[260]

A impossibilidade de competição em determinados setores decorre, além da concentração do mercado, de fatores econômicos e naturais, os quais podem impedir a existência de concorrência no setor regulado pelo regime dos serviços públicos. Este perigo foi diagnosticado por este autor do seguinte modo:

> Muitas atividades que integram o bloco tradicional dos serviços públicos são irremediavelmente insuscetíveis de competição (...), de forma que a sua desregulação concorrencial levaria à substituição do monopólio público pelo monopólio privado. (...) Outros fatores podem ser elencados, como a tendência existente nestes mercados de concentração econômico-empresarial e de acordos anticoncorrenciais.[261]

É complexa a transição do regime jurídico do monopólio da atividade econômica para o de competição. Os problemas não são diminuídos pelo fato de este regime estar sujeito limitações especiais decorrentes do exercício do poder estatal de polícia administrativa. Neste sentido, assinala Floriano de Azevedo Marques Neto que "o primeiro cuidado imprescindível para constituir um mercado no antigo domínio de monopólios públicos consiste em evitar que não sejam substituídos por monopólios privados".[262]

---

260 ARAGÃO, Alexandre Santos de. "Serviços públicos e concorrência". *Revista de Direito Administrativo*, vol. 233. Rio de Janeiro: Renovar, jul./set. 2003, p. 320.

261 ARAGÃO, Alexandre Santos de. "Serviços públicos e concorrência". *Revista de Direito Administrativo*, vol. 233. Rio de Janeiro: Renovar, jul./set. 2003, p. 321.

262 MARQUES NETO, Floriano Peixoto de Azevedo. "Universalização de serviços públicos e competição". *Revista de Direito Administrativo*, vol. 223.

Assim, na combinação entre a necessidade dos serviços públicos e a concorrência, deve-se lançar mão de mecanismos de otimização que deem maior efetividade possível a ambos, sem que isso implique no comprometimento de um pelo outro. Trata-se da busca do equilíbrio da competição, rompida que se encontra a exclusividade da exploração do serviço público, sem o risco do comprometimento do caráter público da utilidade.

A passagem de um sistema de titularidade pública sobre determinada atividade e regulação detalhada desta para um sistema aberto, presidido pela liberdade de empresa, ou seja, liberdade de entrada por prévia autorização vinculada, com liberdade de investimento num regime de competição aberta, importa uma transformação de princípios de organização e regime jurídico que disciplinaram o tradicional funcionamento dos serviços públicos.

Conforme pontua Dinorá Adelaide Musetti Grotti, a abertura dos serviços à competição e às leis de mercado caracteriza-se pela:

> a) não-qualificação como serviço público de uma atividade ou setor em seu conjunto, mas apenas de algumas tarefas, missões, atuações concretas dentro daquele; b) o abandono do conceito de reserva e da titularidade da atividade a favor do Estado. (...); c) a substituição do regime fechado e em exclusividade, por um regime aberto, em princípio, quanto à entrada no setor, sob regime de autorização vinculada, submetida a uma "regulação por causa do serviço público" e à imposição de encargos ou obrigações de serviço (...).[263]

Assinala a mesma autora, que a implantação da concorrência em setores antes regulados pressupõe a adoção de duas premissas: a capacidade de funcionamento em esquemas competitivos entre

---

Rio de Janeiro: Renovar, jan./mar. 2001, p. 227.

263 GROTTI, Dinorá Adelaide Musetti. *O serviço público e a Constituição brasileira de 1988*. São Paulo: Malheiros, 2003, pp. 320/321.

fornecedores e a criação de estruturas de mercado compatíveis com a implantação da concorrência, o que somente é possível através da reorganização da forma de exploração das atividades, que deverá vir acompanhada de mecanismos para evitar a concentração econômica e práticas anticompetitivas por parte dos operadores dominantes.

Admite-se ainda que certos serviços possam ser segmentados em duas ou mais atividades e a adoção de regimes de concorrência em algumas delas. Destaca a autora o chamado processo de *unbundling*, surgido no direito anglo-saxão, que vem se firmando na medida em que se desencadeiam atividades introdutórias da competitividade nos serviços entregues à iniciativa privada. Telecomunicações, energia elétrica e portos são exemplos de adoção destas orientações pelo legislador. Na realidade, os diplomas de regência desses setores procuram estabelecer sistemas híbridos, aliando ao sistema tradicional das concessões e permissões uma introdução ao sistema concorrencial.[264]

4.4 Autorizações administrativas, saneamento e concorrência

Na combinação entre a necessidade dos serviços públicos e a concorrência, deve-se lançar mão de mecanismos de otimização que deem maior efetividade possível a ambos, o que pressupõe o não comprometimento de um pelo outro. A passagem de um sistema de exclusiva titularidade pública para um sistema parcialmente aberto, preservada a regulação, mas informado, em alguma medida, pela liberdade de mercado, pode ocorrer, exemplificativamente, pela recorrência do regime das autorizações administrativas.

É dominante, entre nós, a conceituação da autorização como "ato discricionário, precário, unilateral, no qual a Administração

264 GROTTI, Dinorá Adelaide Musetti. *O serviço público e a Constituição brasileira de 1988*. São Paulo: Malheiros, 2003, p. 322.

faculta ao interessado exercer determinada atividade, cujo exercício seria proibido sem esse consentimento".[265] Entretanto, é impossível a fixação de um conceito único de autorização para todo o nosso Direito Administrativo, sendo que, em circunstâncias nas quais o particular autorizatário, ao prestar serviços a terceiros, deve realizar investimentos razoáveis, devem ser afastadas as características de discricionariedade e precariedade.

Maria Sylvia Zanella Di Pietro levanta a existência, entre nós, de quatro acepções para a autorização. Uma primeira entende a autorização como ato administrativo unilateral e discricionário pelo qual a Administração Pública faculta ao particular o desempenho de atividade material ou a prática de ato que, sem este consentimento, seriam proibidos. Em um segundo sentido, autorização seria ato unilateral e discricionário pelo qual o Poder Público faculta ao particular o uso privativo de bem público a título precário. No terceiro, há autorização de serviço público como ato administrativo unilateral e discricionário pelo qual o Poder Público delega ao particular a sua exploração a título precário. No quarto, a autorização expressa o sentido de consentimento de um poder a outro para a prática de determinado ato.[266]

Entretanto, vem-se disseminando um conceito de autorização administrativa como um ato administrativo editado no exercício de competência vinculada, por meio do qual a Administração Pública declara formalmente terem sido preenchidos os requisitos legais e regulamentares e constitui o direito do particular ao exercício da atividade econômica *stricto sensu*.

---

265 DI PIETRO, Maria Sylvia Zanella. *Direito administrativo*. São Paulo: Atlas, 2010, p. 219. No mesmo sentido: BANDEIRA DE MELLO, Celso Antônio. *Curso de direito administrativo*. São Paulo: Malheiros, 2009, pp. 402/403.

266 DI PIETRO, Maria Sylvia Zanella. *Parcerias na administração pública*: concessão, permissão, franquia, terceirização, parceria público-privada e outras formas. São Paulo: Atlas, 2008, pp. 226-228.

Com efeito, o art. 21, inciso XII, da Constituição da República, prevê que a prestação das atividades econômicas *lato sensu* arroladas podem ser exploradas mediante concessão, permissão e autorização. O art. 175 dispõe que a prestação dos serviços públicos ocorre por meio de concessão e permissão.

Há quem entenda, como Maria Sylvia Zanella Di Pietro, que dentro do conceito clássico de autorização, não se poder falar em autorização de serviço público, que somente existiria quando o explorador da atividade econômica *lato sensu* desempenhasse-a em seu interesse e de forma precária.[267] Segundo a autora, as atividades econômicas *lato sensu* previstas no art. 21, incisos XI e XII, da Constituição, de titularidade da União, podem ser serviços públicos autorizados, podendo ou não ser delegados ao setor privado, por decisão discricionária. Seja quando destinados ao atendimento de necessidades coletivas, com prestação a terceiros, o que ocorre nos casos da concessão e permissão, seja quando para exploração em benefício do próprio interessado, serão serviços públicos. Na primeira hipótese levantada pela autora, há serviço público próprio, na segunda, há serviço público impróprio.[268]

Outra corrente, capitaneada por Celso Antônio Bandeira de Mello, assinala que os serviços públicos apenas são prestados em regime de concessão ou permissão. A autorização prevista no art. 21 da Constituição é expressão do "poder de polícia", restringindo-se às atividades econômicas *lato sensu* exploráveis desde que suprimido o obstáculo ou compreende circunstâncias

---

267 DI PIETRO, Maria Sylvia Zanella. *Parcerias na administração pública*: concessão, permissão, franquia, terceirização, parceria público-privada e outras formas. São Paulo: Atlas, 2008, pp. 136/137.

268 DI PIETRO, Maria Sylvia Zanella. *Direito administrativo*. São Paulo: Atlas, 2010, pp. 226/227.

em que normalmente haveria a prestação de serviço público, mas cuja emergência autorizaria a prestação de serviço público.[269]

Uma outra corrente, integrada por Eros Roberto Grau, Marçal Justen Filho[270] e Alexandre Santos Aragão,[271] baseada na distinção entre atividades econômicas *stricto sensu* e serviço público, assinala que a autorização existe quando há exploração da atividade econômica *stricto sensu* em regime jurídico de Direito privado.[272]

Uma quarta corrente, integrada, dentre outros, por Carlos Ari Sundfeld e Almiro do Couto e Silva, propõe um conceito de autorização sem o caráter de precariedade dominante. Para esta corrente, "como a expressão 'autorização' é polissêmica,[273] não se pode afirmar que a Constituição acolheu qualquer uma das acepções acima descritas em detrimento de qualquer outra".[274]

Almiro do Couto e Silva entende haver autorização de serviço público, a qual pode ser ato discricionário ou ato vinculado.[275] Para o autor, apenas a autorização como ato administrativo no exercício de competência vinculada é consentânea com o art. 37

---

269 BANDEIRA DE MELLO, Celso Antônio. *Curso de direito administrativo*. São Paulo: Malheiros, 2009, p. 669.

270 JUSTEN FILHO, Marçal. *Teoria geral das concessões de serviço público*. São Paulo: Dialética, 2003, p. 45.

271 ARAGÃO, Alexandre Santos de. "Atividades privadas regulamentadas: autorização administrativa, poder de polícia e regulação". *Revista de Direito Público da Economia*, Belo Horizonte, ano 3, nº 10, abr./jun. 2005, p. 46.

272 GRAU, Eros Roberto. *A ordem econômica na Constituição de 1988*. São Paulo: Malheiros, 2010, pp. 124/125.

273 GROTTI, Dinorá Adelaide Musetti. *O serviço público e a Constituição brasileira de 1988*. São Paulo: Malheiros, 2003, p. 165.

274 MAYER, Giovanna. *Regulação portuária brasileira*: uma reflexão sob a luz da análise econômica do direito. Curitiba: UFPR, 2009, p. 85. (Dissertação de Mestrado).

275 SILVA, Almiro do Couto e. "Privatização no Brasil e o novo exercício de funções públicas por particulares. Serviço público 'à brasileira'?" *Revista de direito administrativo*, Rio de Janeiro, vol. 230, out./dez. 2002, p. 64.

da Constituição da República, em especial, com os princípios da impessoalidade, da publicidade, da eficiência e da igualdade. Assim, a autorização demanda que a Administração "exponha as razões objetivas e subjetivas pelas quais autorizou a prestação do serviço por determinado".[276] A corrente entende, e neste ponto discordamos, que a autorização administrativa enseja sempre a prestação de serviço público.[277]

Acreditamos acertada a corrente que, baseada na distinção entre atividades econômicas *stricto sensu* e serviço público, assinala que a autorização existe quando há exploração da atividade econômica *stricto sensu* em regime jurídico de Direito privado.[278] Nesse contexto, a autorização administrativa é decorrente do exercício de competência vinculada, dotada de caráter constitutivo e jamais precária.[279]

O caráter constitutivo da autorização administrativa relaciona-se ao direito a explorar determinada atividade econômica *stricto sensu*, bem como aos direitos e deveres regentes da autorização, gerando obrigações recíprocas entre a Administração Pública e o autorizatário, sempre que presentes as condições objetivas e subjetivas ensejadoras da autorização administrativa. O caráter vinculado da autorização administrativa em sede de exploração de atividade econômica *stricto sensu* enseja a obrigatoriedade, pela Administração, de autorizá-la sempre que atendidas as prescrições impostas em Lei.

---

276 MAYER, Giovanna. *Regulação portuária brasileira*: uma reflexão sob a luz da análise econômica do direito. Curitiba: UFPR, 2009, p. 84. (Dissertação de Mestrado).

277 MAYER, Giovanna. *Regulação portuária brasileira*: uma reflexão sob a luz da análise econômica do direito. Curitiba: UFPR, 2009, p. 85. (Dissertação de Mestrado).

278 AGUILAR, Fernando Herren. *Controle social de serviços públicos*. São Paulo: Max Limonad, 1999, p. 138.

279 Nesse sentido: MARQUES NETO, Floriano Peixoto de Azevedo. "Regime jurídico dos bens empregados na geração de energia elétrica". *Revista de Direito Administrativo*, Rio de Janeiro, nº 232, 2003, p. 345.

De acordo com Celso Antônio Bandeira de Mello, atos vinculados são aqueles que a Administração Pública pratica sob a égide de disposição legal que predetermina antecipadamente e de modo completo o comportamento único a ser obrigatoriamente adotado perante situação descrita em termos de objetividade absoluta.[280]

Jacintho Arruda Câmara assinala que não é possível falar em um conceito ou noção geral de autorização administrativa no nosso sistema de Direito positivo. Assim, há que se falar em convivência de autorizações vinculadas e discricionárias:

> É impossível adotar, com base num exame fiel do direito positivo, um conceito geral que envolva todas as aplicações do instrumento da autorização. É inegável a existência de autorizações vinculadas, que podem conviver com autorizações de outro tipo, marcadas pela discricionariedade e precariedade.[281]

A referência ao regime jurídico da autorização nos artigos 21 e 223 da Constituição da República demonstra que as atividades econômicas *lato sensu* elencadas poderão ser exploradas em regime de Direito privado.

Benedicto Porto Neto observa que a autorização referida nos artigos 21 e 223 da Constituição da República é o ato do Poder Público que viabiliza o desempenho de atividade econômica *stricto sensu* em regime de Direito privado. A autorização, assim, afere a não invasão, pelas atividades econômicas *stricto sensu*, do campo

---

280 BANDEIRA DE MELLO, Celso Antônio. *Curso de direito administrativo*. São Paulo: Malheiros, 2009, p. 418.

281 CÂMARA, Jacintho Arruda. "Autorizações administrativas vinculadas: o exemplo do setor de telecomunicações". *In*: ARAGÃO, Alexandre Santos de; MARQUES NETO, Floriano Peixoto de Azevedo (Coord.). *Direito administrativo e seus novos paradigmas*. Belo Horizonte: Fórum, 2008, p. 632.

reservado aos serviços públicos, além da obediência, em regime de Direito privado, do interesse público:

> A despeito da previsão de que os serviços arrolados nos incisos XI e XII do art. 21 da Carta do País são públicos, reservados à União, a lei pode fixar com mais precisão os contornos dos seus conceitos, excluindo da noção daqueles serviços algumas atividades, que, assim, ficam submissas ao regime de direito privado. O desempenho dessas atividades econômicas fica sujeito à prévia autorização do Poder Público. Compete ao Poder Público aferir se as atividades que os particulares pretendem exercer não invadem o campo que é reservado ao Estado (os serviços públicos). O exercício delas, em consequência, fica condicionado à autorização estatal, ato praticado pelo Poder Público no exercício de sua supremacia genérica para conformar a atuação dos particulares ao interesse público. Expedida a autorização, a atividade segue sujeita ao regime de direito privado.[282]

Assim considerando, o regime de autorizações administrativas poderia permitir que o setor de saneamento, historicamente caracterizado por uma forte concentração de mercado, pudesse permeabilizar-se, em parte, pela concorrência. Entretanto, a recente alteração legislativa, quedou-se inerte em realizar estímulos ao ingresso e permanência de diversos agentes econômicos ao longo da cadeia produtiva da atividade econômica de saneamento. Preservado o interesse coletivo, bem como respeitados os limites econômicos relativos à viabilidade econômico-financeira trazida pelo ganho de escala, é preciso que o debate legislativo se concentre em regular as hipóteses em que mais de um agente econômico possa integrar a cadeia produtiva do saneamento.

282 PORTO NETO, Benedicto. *Concessão de serviço público no regime da lei n. 8.987/95*: conceitos e princípios. São Paulo: Malheiros, 1998, p. 140.

Com efeito, o art. 49, inciso XV, da Lei n. 11.445/2007 prevê que são objetivos da Política Federal de Saneamento Básico, dentre outros, a promoção da concorrência na prestação dos serviços. Determinadas previsões esparsas impõem limitações ou, em algumas situações, estímulos à concorrência no âmbito das atividades econômicas de saneamento. Por outro lado, o art. 2º, inciso XVI, prevê, dentre outros princípios fundamentais, a prestação concomitante dos serviços de abastecimento de água e de esgotamento sanitário

Ademais, o art. 12 da Lei n. 11.445/2007 prevê que, nos serviços públicos de saneamento em que mais de um prestador execute atividade interdependente com outra, a relação entre elas deverá ser regulada por contrato e haverá entidade única encarregada das funções de regulação e de fiscalização.

Ocorre que a mera referência, genérica, de execução interdependente de atividade na cadeia do serviço público de saneamento pressupõe concessões de serviço público na cadeia produtiva, ao passo que seria juridicamente viável que, por meio de lei, o regime de autorizações administrativas possa incidir para determinadas hipóteses. Destaque-se, exemplificativamente, soluções coletivas em escala de bairro. Uma vez demonstrada a viabilidade técnica, não deve o Poder Público proibir que a solução alternativa seja operacionalizada. Será a regulação e o regime das autorizações administrativas que permitirá ao Poder Público impor as retaguardas necessárias ao interesse público.

Nesses termos, é preciso questionar o regime tradicional da prestação dos serviços públicos de saneamento e promover um debate público quanto à viabilidade jurídica de concorrência através, por exemplo, da desqualificação de determinadas atividades da cadeia produtiva de saneamento do regime jurídico de serviço público.

A regulação brasileira em matéria de saneamento dialoga mal com concentração de mercado, ao passo que a Lei n. 14.026/2020, mesmo promovendo uma série de alterações nas diversas leis que regulamentam o serviço público de saneamento, procurou preservar um modelo marcado por forte estatização federalizada.

A detenção simultânea, por um mesmo agente econômico, de sucessivos segmentos da cadeia produtiva, sob o pretexto de aproveitamento de economias de escopo e de escala, é uma suposição que não se sujeitou ao crivo do questionamento. Por outro lado, a propensão, pelo monopolista detentor da infraestrutura, em abusar da sua posição dominante, impedindo o ingresso de novos agentes econômicos, é acompanhada de desestímulo à concorrência no setor de saneamento.

Por essa razão, também é preciso refletir quanto à viabilidade técnica e econômico-financeira de separar a titularidade da infraestrutura dos serviços prestados a partir dela. Do mesmo modo, é preciso que se avalie a viabilidade de segregação dos segmentos da cadeia de saneamento para que sejam regulados sob a perspectiva concorrencial e, ainda, a criação de regimes regulatórios assimétricos, em que um mesmo serviço pode ser prestado simultaneamente, por dois ou mais agentes, como serviço público e como atividade econômica *stricto sensu*.

CONSIDERAÇÕES FINAIS

Da ordem econômica e regulação na Constituição são extraídos os princípios constitucionais da propriedade privada/apropriação privada dos bens de produção, concorrência e livre iniciativa, assim entendida como liberdade individual no plano da produção, circulação e distribuição de riquezas, incluída a livre escolha de atividades econômicas e eleição dos meios de exploração. Aos referidos princípios somam-se soberania nacional, função social da propriedade, defesa do consumidor, defesa do meio ambiente, redução das desigualdades sociais e regionais, valor social do trabalho, construção de sociedade livre, justa e solidária, erradicação da pobreza e da marginalização e, ainda, desenvolvimento nacional.

A histórica relação entre tais princípios demarca os espaços público e privado, bem como determinado modelo de atuação ou de intervenção do Estado, inclusive maior ou menor intervenção estatal pela regulação, apresentando-se o Estado como agente normativo e regulador da atividade econômica, ator de incentivos, de repressão ao abuso do poder econômico, além do desempenho excepcional de atividades econômicas de alçada dos particulares em razão de segurança nacional ou relevante interesse coletivo.

Ademais, a histórica relação entre tais princípios acarreta a delimitação das atividades atribuídas aos particulares e ao Estado, de forma exclusiva ou não, excepcional ou não para fins de livre exploração de atividade econômica pela iniciativa privada, independentemente de autorização do Estado, exploração de atividade econômica pelo Estado apenas em razão de segurança nacional ou relevante interesse coletivo, e ainda, demarcação de atividades reservadas ao Estado, incluídas aquelas passíveis e não passíveis de concessão, permissão e de autorização à inciativa privada.

A compreensão da regulação, pela escola do interesse público, parte da premissa de que ela não visa, necessariamente, preservar o mercado, mas o interesse público, equivocando-se ao basear-se na crença de que sempre é possível converter a iniciativa privada em persecutória do interesse público através dos controles inerentes ao regime de Direito público. Já a escola econômica da regulação parte da premissa de que a regulação como substituto do mercado através da demarcação dos fins e resultados da atividade econômica (liberdade dos meios), equivocando-se diante da incapacidade da regulação em reproduzir as condições de mercado.

Assim considerando, as seguintes preocupações se colocam na análise dogmática da regulação: rejeição à incorporação irrefletida de produtos discursivos e instrumentais jurídicos alienígenas; dilucidação das especificidades do nosso Direito; enfrentamento da mera verificação da parametricidade formal (competência e procedimento) dos produtos da regulação; questionamento da unidade decisória do Estado em sua manifestação discursivo-normativa (transnacionalização dos processos decisórios e de conflito); questionamento da simbólica representação da razão outrora automática e infalivelmente atribuída ao Estado (submissão ao julgamento crítico e ao permanente questionamento); questionamento do Estado enquanto núcleo que reúne a capacidade concentrada de deliberar eficazmente por agentes econômicos ávidos a relativizar o seu poder (desregulação como decorrência da crise da noção de soberania na pós-modernidade política); pluralidade de atores sociais e econômicos; fragmentação de interesses; estratificação social; diferenciação social; captura regulatória; desenvolvimento incompleto do nosso Estado de Direito e risco institucional; colapso da noção singular e monolítica de interesse público; e, ainda, necessidade de eficácia e Estado estrategista.

Nesse cenário, propõe-se, inspirado no trilema regulatório de Gunther Teubner, uma escola pós-moderna da regulação, que leve em consideração uma lógica mais racional e menos sacralizada da regulação (e não desregulação), o que pressupõe o dever do Estado de justificar, constantemente, presença e ação; regulação por interlocução e negociação transparente (inibição da captura regulatória); exterioridade relativamente ao jogo econômico (Estado-árbitro); confiança e legítimas expectativas; consultas e audiências públicas, procedimentos de manifestação de interesse e análise de impacto regulatório; e, ainda, acepção ampla para a noção de regulação (toda forma de organização da atividade econômica através do Estado, incluída qualquer forma de atuação e de intervenção do Estado).

O serviço público de saneamento é, dentre aqueles passíveis de concomitante prestação direta pelo Estado ou pela iniciativa privada, a mais estatizada das atividades econômicas brasileiras. Além do elevado percentual de serviços prestados diretamente pelo Estado, mesmo quando objeto de concessões comuns de serviço público ou de parcerias público-privadas, as características da regulação e da relação contratual convertem a iniciativa privada em mera executora de contratos que, em certa medida, assemelham-se aos demais modelos contratuais, inclusive aquele geral e corriqueiro de contratações do Estado.

Tais aspectos geram, atualmente, fortes entraves à concessão dos serviços públicos de saneamento, em prejuízo da sua universalização. A própria discussão legislativa vem se relevando anacrônica, ao passo que se poderia, por exemplo, discutir uma abertura, ainda que parcial, à exploração econômica, em regime de livre mercado, de determinadas atividades integrantes da cadeia econômica do saneamento. A regulação brasileira em matéria de saneamento dialoga mal com concentração de mercado, ao passo que a Lei n. 14.026/2020, mesmo promovendo uma série de alterações nas diversas leis que regulamentam o serviço público de saneamento, procurou preservar um modelo marcado por forte estatização federalizada.

A recente inovação legislativa, ao invés de estimular a participação da iniciativa privada em projetos públicos mediante modelagens regulatórias e contratuais que garantam, por um lado, universalização e, por outro, uma segura contraprestação pelos compromissos privados a serem assumidos, apenas ampliou as hipóteses de obediência à regra da licitação, inclusive por entes estatais não integrantes da Administração do titular. Assim considerando, é preciso questionar o regime tradicional da prestação dos serviços públicos de saneamento através de um debate quanto à viabilidade jurídica de concorrência através, por exemplo, da desqualificação, do regime jurídico de serviço público, de determinadas atividades da cadeia produtiva do saneamento, preservada, através da regulação, o interesse público que deve remanescer mesmo diante da exploração de atividades econômicas em ambiente de livre mercado.

Os principais problemas no debate da concorrência no setor de saneamento estão relacionados a falhas de mercado relacionadas à presença de monopólios naturais, bem como da necessidade de elevados custos iniciais só amortizáveis por prazos longos; assimetria de informações; detenção simultânea, por um mesmo agente econômico, de sucessivos segmentos da cadeia produtiva sob o pretexto de aproveitamento de economias de escopo e de escala; propensão, pelo monopolista detentor da infraestrutura, em abusar da sua posição dominante, impedindo ou ao menos dificultando o ingresso de novos agentes econômicos; histórica estatização; histórica concentração de mercado; passivos, incluídas legítimas e ilegítimas expectativas de companhias estaduais; titularidade municipal e pretensões federalizantes e estadualizantes; imaturidade institucional para interação entre instituições regulatórias e concorrenciais e mesmo entre os entes federados; regulação no modelo clássico; e, ainda, mercado interno enfraquecido (modernidade periférica) e desestímulo ao capital transnacional.

Assim considerando, propõe-se a permeabilização do regime de serviços públicos pela concorrência através da rejeição de um regime jurídico único para o desempenho de atividades reservadas ao Estado; mecanismos de liberalização do acesso dos exploradores ao mercado através da desintegração vertical de atividades potencialmente competitivas e não-competitivas, com vistas a atribuir regime de livre mercado para algumas dessas atividades; evitar concorrência predatória e padrões técnicos incompatíveis com os serviços; parcial afastamento da garantia de rentabilidade; parcial flexibilidade nos preços, preservada a modicidade tarifária; separação da titularidade da infraestrutura e da prestação dos serviços; separação dos segmentos caracterizados como monopólios daqueles que podem ser regulados pela perspectiva concorrencial (demarcação entre atividades potencialmente competitivas e não-competitivas, com vistas a atribuir regime de livre mercado para algumas delas); criação de regimes regulatórios de concorrência assimétrica, desde que não predatória e preservado o interesse público (convivência entre regimes de serviço público e de atividade econômica *stricto sensu* nas quais há liberdade de preços e ausência de rentabilidade); fracionamento das concessões de serviço público na quantidade de parcelas que se mostrarem técnica e economicamente viáveis, com admissibilidade de subcontratação apenas diante da inviabilidade técnica e econômico-financeira do fracionamento por toda a cadeia produtiva do saneamento e limitações à concentração no mesmo agente econômico; regulação da subcontratação à luz de possíveis práticas anticompetitivas; regulação da prorrogação à luz de possíveis práticas anticompetitivas; rompimento de barreiras desnecessárias à entrada; regulação de soluções individuais e coletivas em regime de autorização administrativa; subsídios cruzados; controle do *cream-skimming/cherry picking*; controle do monopólio, inclusive estatal; promoção da competitividade ou maturada decisão a ela contrária; controle de racionalidades meramente econômicas; controle da formação de estruturas concentradas de poder que tornem provável o abuso de posição dominante ou coordenação colusiva; e, ainda, passagem de um sistema de exclusiva titularidade pública para um sistema parcialmente aberto, preservada a regulação, mas informado pela liberdade de mercado.

O setor de saneamento é altamente estatizado. O elevado percentual de serviços prestados diretamente pelo Estado decorre, em parte, da herança do Plano Nacional de Saneamento Básico, o qual concentrou na União as políticas de expansão dos serviços, o financiamento e até mesmo as regras tarifárias. Os Municípios foram, nesse modelo altamente federalizado, constrangidos a delegar os serviços para companhias estaduais de saneamento. Além da forte estatização, os contratos de concessão de saneamento ainda sofrem sensíveis influências do regime geral e corriqueiro de contratações do Estado, as quais convertem a iniciativa privada em mera executora de contratos engessados.

O novo marco regulatório apostou na união entre Municípios através de prestações regionalizadas. Os ganhos de eficiência trariam viabilidade técnica e econômico-financeira a projetos de saneamento. Entretanto, a dispersão territorial dos Municípios brasileiros, ressalvadas as prestações regionalizadas em áreas conurbadas, impede que ganhos de eficiência sejam efetivamente alcançados através de unidades regionais e de blocos de referência. Nem mesmo as pretensões centralizadoras da União, isso através das chamadas normas de referência nacionais e das constrições à sua obediência, sob pena de vedação ao financiamento federal, são capazes de reverter a lógica imposta pela dispersão geográfica. Tais aspectos geram severos entraves à concessão dos serviços públicos de saneamento, em prejuízo da sua universalização.

É elogiosa a previsão, realizada pelo novo marco regulatório, da regra da licitação para relações estabelecidas entre entes estatais de administrações distintas. Portanto, avenças entre Municípios e companhias estaduais, até então não precedidas de licitação, devem sujeitar-se à competitividade.

Entretanto, é preciso maiores avanços no estímulo à participação da iniciativa privada em projetos públicos. Trata-se de parceira decisiva no projeto público. Investimento e *expertise* privados são fundamentais para a universalização.

Por todas essas razões, as modelagens regulatórias e contratuais das concessões dos serviços públicos de saneamento devem garantir, por um lado, universalização e, por outro, uma segura contraprestação pelos compromissos privados a serem assumidos.

Ademais, não se pode deixar de questionar o regime tradicional da prestação dos serviços públicos de saneamento através de um debate quanto à viabilidade jurídica de concorrência. Pode-se, por exemplo, avaliar a viabilidade do desenquadramento de determinadas atividades da cadeia produtiva de saneamento do regime jurídico de serviço público, preservada a regulação sobre as atividades econômicas em ambiente de livre mercado.

Por fim, urge rompermos com disputas pela titularidade dos serviços em regiões metropolitanas, estimular o financiamento público independentemente da adesão às normas de referência nacionais, garantir transparência e reduzir assimetrias de informação na definição de arranjos contratuais. Do contrário, estaremos fadados a sucessivos marcos regulatórios.

REFERÊNCIAS BIBLIOGRÁFICAS

AGAMBEN, Giorgio. *Estado de exceção*. São Paulo: Boitempo, 2004.

AGUILAR, Fernando Herren. *Controle social de serviços públicos*. São Paulo: Max Limonad, 1999.

ALEXY, Robert. "On balancing and subsumption: a structered comparison". *Ratio Juris*, vol. 16, nº 4, 2003.

______. *Teoria da argumentação jurídica*. São Paulo: Landy, 2001.

______. *Teoría de los derechos fundamentales*. Madrid: Centro de Estudios Constitucionales, 1993.

ARAGÃO, Alexandre Santos de. "Atividades privadas regulamentadas: autorização administrativa, poder de polícia e regulação". *Revista de Direito Público da Economia*, Belo Horizonte, ano 3, nº 10, abr./jun. 2005.

______. "Competência antitruste e regulações setoriais". *Revista do IBRAC*, 16/31.

______. *Direito dos serviços públicos*. Rio de Janeiro: Forense, 2008.

ARAUJO, Luiz Alberto David; NUNES JÚNIOR, Vidal Serrano. *Curso de direito constitucional*. São Paulo: Verbatim, 2018.

ARMSTRONG, Mark; DOYLE, Chris. *The economics of access pricing*: Conference on competition and regulation in the network infrastructure industries. Paris: Organisation for Economic Co-operation and Development - OECD, 1995.

BANDEIRA DE MELLO, Celso Antônio. *Curso de direito administrativo*. São Paulo: Malheiros, 2009.

BARROS, Pedro. "Relação entre autoridade da concorrência e autoridades setoriais". *In*: SOARES, Antonio Goucha; LEITÃO, Maria Manuel. *Concorrência*: estudos. Coimbra: Almedina, 2006.

BARROSO, Luís Roberto. "Saneamento básico: competências constitucionais da União, Estados e Municípios". *Revista Eletrônica de Direito Administrativo Econômico (REDAE)*, Salvador, Instituto Brasileiro de Direito Público, nº 11, ago./out., 2007. Disponível em: http://www.direitodoestado.com.br/redae.asp. Acessado em: 03.01.2022.

______. *Curso de direito constitucional contemporâneo*. São Paulo: Saraiva, 2010.

______. *Interpretação e aplicação da Constituição*: fundamentos de uma dogmática constitucional transformadora. São Paulo: Saraiva, 2009.

______. *Interpretação e aplicação da Constituição*. São Paulo: Saraiva, 1997.

BICKEL, Alexander. *The least dangerous branch*: the Supreme Court at the bar of politics. Indianapolis: Bobbs-Merrill, 1986.

BITTAR, Eduardo C. B. *O direito na pós-modernidade*. São Paulo: Atlas, 2014.

BOBBIO, Norberto. *Teoria do ordenamento jurídico*. São Paulo: Edipro, 2019.

BONFIM, Anderson Medeiros. "Antitruste em setores regulados: o caso dos portos". *Revista do IBRAC*: Direito da Concorrência, Consumo e Comércio Internacional, vol. 22, jul./dez. 2012.

______. "Concorrência entre os terminais portuários de uso público e de uso privado". *Revista Trimestral de Direito Público*, vol. 59, 2013.

BOYER, Robert. *Théorie de la régulation*: les fondamentaux. Paris: La Découverte, 1987.

BRANCO, Gerson Luiz Carlos. "A proteção das expectativas legítimas derivadas das situações de confiança: elementos formadores do princípio da confiança e seus efeitos". *Revista de Direito Privado*, nº 12/169, 2002.

BREYER, Stephen. *Regulation and its reform*. Cambridge: Harvard, 1982.

BURDEAU, Georges. "Remarques sur la classification des fonctions étatiques". *Revue du droit public*, nº 60, Paris, 1945.

CAETANO, Marcello. *Manual de ciência política e direito constitucional*. tomo I. Coimbra: Almedina, 2009.

CÂMARA, Jacintho Arruda. "Autorizações administrativas vinculadas: o exemplo do setor de telecomunicações". *In*: ARAGÃO, Alexandre Santos de; MARQUES NETO, Floriano Peixoto de Azevedo (Coord.). *Direito administrativo e seus novos paradigmas*. Belo Horizonte: Fórum, 2008.

______. "Contratações públicas para projetos de infraestrutura". *In*: MARCATO, Fernando S.; ENGLER PINTO JUNIOR Mario (Coord.). *Direito da Infraestrutura*. vol. 1. São Paulo: Saraiva-FGV Direito SP, 2017.

CAMMAROSANO, Márcio. *O princípio constitucional da moralidade e o exercício da função administrativa*. Belo Horizonte: Fórum, 2006.

CAMPILONGO, Celso Fernandes. *Direito e democracia*. São Paulo: Max Limonad, 1997.

CANOTILHO, José Joaquim Gomes. *Direito Constitucional e teoria da Constituição*. Coimbra: Almedina, 2010.

CAPPELLETTI, Mauro. *Juízes legisladores?* Porto Alegre: Sérgio Antônio Fabris, 1993.

CARVALHO FILHO, José dos Santos. *Manual de direito administrativo*. Rio de Janeiro: Atlas, 2019.

CARVALHO, Paulo de Barros. *Direito tributário*: linguagem e método. São Paulo: Noeses, 2013.

CAVALIERI FILHO, Sergio. *Programa de sociologia jurídica*. São Paulo: Atlas, 2019.

CHEVALLIER, Jacques. *O Estado pós-moderno*. Belo Horizonte: Fórum, 2009.

CÍCERO, Marco Tulio. *Da república*. Livro I, Capítulo XLV. São Paulo: Atena, 1956.

CLÈVE, Clèmerson Merlin; RECK, Melina Breckenfeld. "A Constituição econômica e a interface entre regulação setorial e antitruste no direito brasileiro". *Revista do IBRAC*, nº 16, 2009.

DALLARI, Adilson Abreu. "O uso do solo metropolitano". *Revista de Direito Público*, vol. 14, 1970.

______. "Parecer elaborado a pedido do Ministério das Cidades". *Saneamento para Todos, Projeto de Lei n. 5296/2005*: Diretrizes para os serviços públicos de saneamento básico e política Nacional – PNS, 2005.

DI PIETRO, Maria Sylvia Zanella. *Direito administrativo*. São Paulo: Atlas, 2010.

______. *Parcerias na administração pública*: concessão, permissão, franquia, terceirização, parceria público-privada e outras formas. São Paulo: Atlas, 2008.

DUGUIT, Léon. *Manuel de Droit Constitutionnel*. Paris: Pantheon-Assas, 2007.

DURKHEIM, Émile. *Da divisão do trabalho social*. São Paulo: EDIPRO, 2016.

______. *O suicídio*. São Paulo: Martins Fontes, 2000.

DUTRA, Pedro. "Concorrência em mercado regulado: a ação da ANP". *Revista de Direito Administrativo*, vol. 229/286, jul./set. 2002.

DWORKIN, Ronald. *Taking rights seriously*. Cambridge: Harvard University, 1978.

ENTERRIA, Eduardo Garcia de. *La constitucion como norma y el tribunal constitucional*. Madrid: Civitas, 1988.

FACCI, Lucio Picanço. "A proibição de comportamento contraditório no âmbito da Administração Pública: a tutela da confiança nas relações jurídico-administrativas". *Forense*, Rio de Janeiro, vol. 411, ano 106, set./out. 2010.

FERES, Marco Vinício Chein. "Regulação, empresa e política de concorrência". *Revista do IBRAC*, vol. 9, 2002.

FERRAZ JUNIOR, Tércio Sampaio. "A economia e o controle do Estado". *O Estado de São Paulo*, São Paulo, 4 jun. 1989.

______. "Apresentação". *In*: LUHMANN, Niklas. *Legitimação pelo procedimento*. Brasília: UNB, 1980.

______. *Introdução ao Estudo do Direito*: técnica, decisão, dominação. São Paulo: Atlas, 2019.

FOUCAULT, Michel. *Vigiar e punir*: nascimento da prisão. São Paulo: Vozes, 2014.

FRIEDRICH, Carl J. *Teoría y realidad de la organización constitucional democrática*: en Europa y America. *Apud*: TAVARES, André Ramos. *Teoria da Justiça Constitucional*. São Paulo: Saraiva, 2005.

GALLOT, Jérôme. "Qu'estce que la régulation? Contribution pour une définition". *Revue de la Concurrence et de la Consomattion*, nº 119, 2001.

GARCÍA-MORATO, Lucía López de Castro; ORTIZ, Gaspar Ariño. *La competencia en sectores regulados*. Comares: Albolote, 2003.

GASPARINI, Diógenes. *Direito administrativo*. São Paulo: Saraiva, 2006.

GIACOMUZZI, José Guilherme. *A moralidade administrativa e a boa-fé da Administração Pública*: o conteúdo dogmático da moralidade administrativa. São Paulo: Malheiros, 2002.

GRAU, Eros Roberto. *A ordem econômica na Constituição de 1988*. São Paulo: Malheiros, 2010.

______. *Ensaio e discurso sobre a interpretação/aplicação do direito*. São Paulo: Malheiros, 2003.

______. *Regiões metropolitanas*. São Paulo: José Buchatsky, 1974.

GROTTI, Dinorá Adelaide Musetti. *O serviço público e a Constituição brasileira de 1988*. São Paulo: Malheiros, 2003.

HART, Herbert L. A. *O conceito de direito*. Lisboa: Fundação Calouste Gulbenkian, 2007.

JELLINEK, Georg. *L'etat moderne et son droit - tome 2*: théorie juridique de l'Etat. Paris: Pantheon-Assas, 2005.

JUSTEN FILHO, Marçal. *Comentários à lei de licitações e contratos administrativos*. São Paulo: Dialética, 2012.

______. *Concessões de serviços públicos*: comentários às leis ns. 8.987 e 9.074, de 1995. São Paulo: Dialética, 1995.

______. *Teoria geral das concessões de serviço público*. São Paulo: Dialética, 2003.

JUSTEN, Mônica Spezia. *A noção de serviço público no direito europeu*. São Paulo: Dialética, 2003.

KELSEN, Hans. *Teoria geral do direito e do estado*. São Paulo: Martins Fontes, 1998.

______. *Teoria pura do direito*. São Paulo: Martins Fontes, 2011.

LEPINETTE, Tomás Vazquez. *La obligación de interconexión de redes de telecomunicación*. Valencia: Tirant lo Blanch, 1999.

LOCKE, John. *Segundo tratado sobre o governo civil e outros escritos*. Petrópolis: Edusf, 2006.

LOEWENSTEIN, Karl. *Teoría de la constitución*. Barcelona: Ariel, 1986.

LUHMANN, Niklas. *La differenziazione del diritto*. Bologna: Il mulino, [s.d.].

MARQUES NETO, Floriano Peixoto de Azevedo. "A articulação entre regulação setorial e regulação antitruste". *Regulação Brasil*, nº 1, 2005.

______. "Regime jurídico dos bens empregados na geração de energia elétrica". *Revista de Direito Administrativo*, Rio de Janeiro, nº 232, 2003.

______. "Regulação setorial e a autoridade antitruste: a importância da Independência do regulador". *In*: CAMPILONGO, Celso Fernandes; VEIGA, Jean Paul Cabral; MATTOS, Paulo Todescan Lessa (Coord.). *Concorrência e regulação no sistema financeiro*. São Paulo: Max Limonad, 2002.

______. *Regulação estatal e interesses públicos*. São Paulo: Malheiros, 2002.

MARTINS-COSTA, Judith. "Princípio da confiança legítima e princípio da boa-fé objetiva". *Revista dos Tribunais*, nº 852, 2006.

MAURER, Hartmut. *Direito administrativo geral*. Barueri: Manole, 2006.

MAYER, Giovanna. *Regulação portuária brasileira*: uma reflexão sob a luz da análise econômica do direito. Curitiba: UFPR, 2009. (Dissertação de Mestrado).

MEDAUAR, Odete. *Direito administrativo moderno*. São Paulo: Revista dos Tribunais, 2009.

MENDES, Gilmar Ferreira; COELHO, Inocêncio Mártires; BRANCO, Paulo Gustavo Gonet. *Curso de direito constitucional*. São Paulo: Saraiva, 2009.

______. *Curso de direito constitucional*. São Paulo: Saraiva Educação, 2021.

MENDONÇA, Eduardo Bastos de. "A constitucionalização da política: entre o inevitável e o excessivo". *Apud*: BARROSO, Luís Roberto. "Constituição, democracia e supremacia judicial: direito e política no

Brasil contemporâneo". *In*: ______. *O controle de constitucionalidade no direito brasileiro*. São Paulo: Saraiva, 2010.

MERTON, Robert K. "Estrutura social e anomia". *In*: ______. *Sociologia*: teoria e estrutura. São Paulo: Mestre Jou, 1970.

MIRANDA, Jorge. *Manual de direito constitucional*. tomo V. Coimbra: Coimbra, 2004.

MOREIRA, Egon Bockmann. *Direito das concessões de serviço público*: inteligência da Lei n. 8.987/1995 (parte geral). São Paulo: Malheiros, 2010.

MORENILLA, Jose Maria Souvirón. *La actividad de la administración y el servicio público*. Granada: Comares, 1998.

MUNIZ. Francisco Ferreira. *Textos de Direito Civil*. Curitiba: Juruá, 1998.

OLIVEIRA, Gesner. *Concorrência*: panorama no Brasil e no mundo. São Paulo: Saraiva, 2001.

ORGANISATION FOR ECONOMIC COOPERATION AND DEVELOPMENT. *Regulatory Impact Assessment*, 2020.

PEREIRA JUNIOR, Jessé Torres. *Comentários à lei de licitações e contratações da Administração Pública*. Rio de Janeiro: Renovar, 2003.

PEREIRA, Carlos Bresser. *Reforma do Estado para a cidadania*: a reforma gerencial brasileira na perspectiva internacional. São Paulo: Editora 34, 1998.

POLÍBIO. *História*. Brasília: UNB, 1985.

PORTO NETO, Benedicto. *Concessão de serviço público no regime da lei n. 8.987/95*: conceitos e princípios. São Paulo: Malheiros, 1998.

______. "Parecer elaborado a pedido do Ministério das Cidades". *Saneamento para Todos, Projeto de Lei n. 5296/2005*: Diretrizes para os serviços públicos de saneamento básico e política Nacional – PNS, 2005.

POSSAS, Mario Luiz. "Os conceitos de mercado relevante e de poder de mercado no âmbito da defesa da concorrência". *Revista do IBRAC*, vol. 3, 1996.

POSSAS, Mario Luiz; FAGUNDES, Jorge; PONDÉ, João Luiz. "Defesa da concorrência e regulação de setores de infraestrutura em transição". *Revista do IBRAC*, vol. 8, 2001.

REALE, Miguel. "Inconstitucionalidade de congelamentos". *Folha de São Paulo*, São Paulo, caderno A-3, 19 set. 1988.

REICH, Norbert. "Intervenção do Estado na economia (reflexões sobre a pós-modernidade na teoria jurídica)". *Revista de Direito Público*, São Paulo, nº 94, abr./jun. 1990.

SALOMÃO FILHO, Calixto. "Regulação e antitruste: fronteiras e formas de interação no setor financeiro". *In*: CAMPILONGO, Celso Fernandes; ROCHA, Jean Paul Cabral Veiga da; MATTOS, Paulo Todescan Lessa (Coord.). *Concorrência e regulação no sistema financeiro*. São Paulo: Max Limonad, 2002.

______. *Regulação da atividade econômica*: princípios e fundamentos jurídicos. São Paulo: Malheiros, 2008.

SAMPAIO, Patrícia Regina Pinheiro. *Regulação e concorrência nos setores de infraestrutura*: análise do caso brasileiro à luz da jurisprudência do CADE. São Paulo: USP, 2012. (Tese de Doutorado).

SARLET, Ingo Wolfgang. *Curso de direito constitucional*. São Paulo: Revista dos Tribunais, 2012.

SARLET, Ingo Wolfgang; MARINONI, Luiz Guilherme; MITIDIERO, Daniel Francisco. *Curso de direito constitucional*. São Paulo: Saraiva Jur, 2021.

SCHEREIDER, Anderson. *A proibição de comportamento contraditório*: tutela da confiança e venire contra factum proprium. Rio de Janeiro: Renovar, 2007.

SCHERER, Frederic M.; ROSS, David. *Industrial market structure and economic performance*. Boston: Houghton Mifflin, 1990.

SCHMITT, Carl. *Teoría de la Constitución*. Madrid: Revista de Derecho Privado, 1928.

SERRANO, Pedro Estevam Alves Pinto. *Autoritarismo e golpes na América Latina*: breve ensaio sobre jurisdição e exceção. São Paulo: Alameda, 2016.

______. *Região metropolitana e seu regime constitucional*. São Paulo: Verbatim, 2009.

SILVA, Almiro do Couto e. "Privatização no Brasil e o novo exercício de funções públicas por particulares. Serviço público 'à brasileira'?" *Revista de direito administrativo*, Rio de Janeiro, vol. 230, out./dez. 2002.

SIMON, Denys. "Les mutations des services publics du fait des contraintes du droit communautaire". *In*: KOVAR, Robert; SIMON, Denys

(Coord.). *Service public et communauté*: entre lÌtérêt general et le marché. tome 1. Paris: La Documentation Française, 1998.

SMEND, Rudolf. *Verfassung und Verfassungsrecht in Staatsrechtliche Abhandlungen und andere Aufsätze*. Berlim: Duncker & Humblot, 1994.

SOUZA, Rodrigo de. *Convênio administrativo de delegação de serviço público de saneamento básico*. São Paulo: USP, 2006. (Dissertação de Mestrado).

STRECK, Lenio Luiz. *Jurisdição constitucional e hermenêutica*. Rio de Janeiro: Forense, 2004.

SULLIVAN, Thomas E.; HARRISON, Jeffrey L. *Understanding antitrust and its economic implications*. Newark: LexisNexis, 2008.

SUNDFELD, Carlos Ari. "Guia jurídico das parcerias público-privadas". *In*: ______. (Coord.). *Parcerias público-privadas*. São Paulo: Malheiros, 2005.

SUNDFELD, Carlos Ari. "O Cade e a competição nos serviços públicos". *Revista Trimestral de Direito Público*, nº 33, 2001.

______. "Serviços públicos e regulação estatal: introdução às agências reguladoras". *In*: ______. (Coord.). *Direito administrativo econômico*. São Paulo: Malheiros, 2006.

TÁCITO, Caio. "Serviços de saneamento básico". *Revista de Direito Administrativo*, nº 213, 1998.

TAVARES, André Ramos. "Repartição de funções estatais: fundamento, estrutura e finalidade". *Revista do Advogado*, São Paulo, vol. 23, nº 73, nov. 2003.

______. *Teoria da Justiça Constitucional*. São Paulo: Saraiva, 2005.

______. *Tribunal e jurisdição constitucional*. São Paulo: Celso Bastos, 1998.

TEUBNER, Gunther. "After legal instrumentalism? Strategic models of post-regulatory law". *In*: ______. *Dilemmas of Law in the Welfare State*. Nova York: Walter de Grutyer, 1986.

TEUBNER, Gunther. *Fragmentos constitucionais*. São Paulo: Saraiva, 2016.

TOCQUEVILLE, Alexis de. *A democracia na América*. São Paulo: Universidade de São Paulo, 1987.

UNITED NATIONS CONFERENCE ON TRADE AND DEVELOPMENT. *Best practices for defining respective competences and settling of cases which involve joint action by competition authorities and regulatory bodies*. Geneva: UN, 2006.

XAVIER, Eduardo; PINHEIRO, Luís Felipe Valerim. "Atualidades e casuística sobre alteração dos contratos de concessão de infraestrutura". *In*: PEREIRA NETO, Caio Mario da Silva; PINHEIRO, Luís Felipe Valerim (Coord.). *Direito da Infraestrutura*. vol. 2. São Paulo: Saraiva-FGV Direito SP, 2017.

NOTAS

NOTAS

NOTAS

NOTAS

NOTAS

NOTAS

NOTAS

NOTAS

NOTAS

NOTAS

NOTAS

A Editora Contracorrente se preocupa com todos os detalhes de suas obras! Aos curiosos, informamos que este livro foi impresso no mês de setembro de 2022, em papel Pólen Natural 80g, pela Gráfica Grafilar.